SOCIÉTÉ DE SECOURS MUTUEL
DES
EMPLOYÉS ET OUVRIERS DE LA MAISON PIAT

Supplément des *Comptes rendus semestriels*

LE CONTRAT

DE

PARTICIPATION

AUX BÉNÉFICES

SON CARACTÈRE ET SES RÉSULTATS

CONFÉRENCE

FAITE AU CERCLE POPULAIRE DES INVALIDES LE 13 SEPTEMBRE 1889

PAR

M. CHARLES ROBERT

MEMBRE DU JURY INTERNATIONAL DE L'ÉCONOMIE SOCIALE
PRÉSIDENT HONORAIRE DE LA SOCIÉTÉ DE SECOURS MUTUELS A. PIAT

Extrait du *Bulletin de la Participation aux bénéfices.*
Livraison d'Octobre 1889.

HAVRE
IMPRIMERIE DU COMMERCE
3, RUE DE LA BOURSE, 3

1890

LE CONTRAT

DE PARTICIPATION

AUX BÉNÉFICES

EXPOSITION UNIVERSELLE DE 1889
GROUPE DE L'ÉCONOMIE SOCIALE
CONGRÈS ET CONFÉRENCES

LE CONTRAT

DE

PARTICIPATION

AUX BÉNÉFICES

SON CARACTÈRE ET SES RÉSULTATS

CONFÉRENCE

FAITE AU CERCLE POPULAIRE DES INVALIDES LE 13 SEPTEMBRE 1889

PAR

M. CHARLES ROBERT

MEMBRE DU JURY INTERNATIONAL DE L'ÉCONOMIE SOCIALE

Extrait du *Bulletin de la Participation aux bénéfices.*
Livraison d'Octobre 1889.

HAVRE
IMPRIMERIE DU COMMERCE
3, RUE DE LA BOURSE, 3

1890

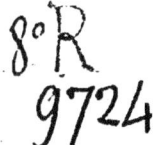

LE CONTRAT

DE

PARTICIPATION AUX BÉNÉFICES

SON CARACTÈRE ET SES RÉSULTATS

Conférence faite au Cercle populaire de l'esplanade des Invalides, le 13 septembre 1889, par M. CHARLES ROBERT, membre du jury international de l'Économie sociale.

Les articles 22, 23 et 24 du règlement ministériel du 30 décembre 1887, relatif aux Congrès et Conférences organisés sous la surveillance de la Commission supérieure, portent que des conférences publiques seront faites sur des sujets que choisiront les comités spéciaux et par les personnes qu'ils désigneront à cet effet.

La Conférence que nous publions ci-après rentre dans cette catégorie.

Des invitations nombreuses ont été envoyées et des affiches ont été apposées par les soins de M. Gariel, rapporteur général des Congrès et Conférences.

On remarquait, parmi les personnes présentes, MM. Vansittart-Neale, secrétaire général du Central cooperative Board d'Angleterre ; Charles Tranchant, ancien conseiller d'État ; E.-O. Lami, secrétaire général du groupe de l'Économie sociale ; Charles Lucas, membre du jury international ; Marquot, l'un des gérants de la maison Leclaire ; Beudin, directeur des concours d'apprentis de cette maison ; Georges Thomson, gérant de la fabrique coopérative de lainages de Huddersfield ; Clavel, président du Comité d'organisation du Congrès des associations coopératives de consommation ; Hector Denis, délégué de la Belgique à ce dernier Congrès ; Lenoir père, entrepreneur de peinture ; Maneuvrier, secrétaire général de la Vieille-Montagne ; de Boyve, Funck-Brentano, professeur à l'École des sciences politiques ; Edward Cummings, de Harvard University (États-Unis) ; Trombert, secrétaire de la Société pour l'étude de la participation aux bénéfices ; Veyssier, administrateur du Moniteur des Syndicats ouvriers; les pasteurs Ducros et Lelièvre; Remaury, ingénieur civil, secrétaire de la section d'économie sociale des Congrès et Conférences ; Delaunay, attaché au même service ; Alby ; Mme de Paepe ; MM. Buisson, directeur de l'Association coopérative *le Travail* ; Edmond Van den Boorn, de Liège ; Paul Moutier, entrepreneur de serrurerie, membre des comités d'admission de l'Économie sociale ; Balas, l'un des chefs de la maison Barbas, Tassart et Balas, ancienne maison Goffinon, etc.

Voici, revu et complété par quelques additions, le compte rendu sténographique de la Conférence de M. Charles Robert :

Mesdames, Messieurs,

La Commission d'organisation du groupe de l'Économie sociale a décidé, pendant le cours de ses opérations, que des conférences seraient faites au nom de plusieurs des sections qui forment ce groupe, pour servir de com-

mentaire et de complément à son exposition. Composée
d'un ensemble de galeries et de pavillons, dans l'un desquels vous êtes assemblés aujourd'hui, l'exposition internationale d'économie sociale constitue une gigantesque
leçon de choses. On y a réuni une quantité d'objets matériels pour arriver à l'esprit des visiteurs en parlant à leurs
yeux. Plans en reliefs, cartes et tableaux graphiques, figu-
res diverses, albums, dessins, photographies et modèles,
bannières, portraits, bustes et emblêmes, collections variées de travaux d'apprentis, réductions de maisons ouvrières, de métairies, de marais salants et de bateaux de
pêche, sont les symboles d'une idée ou les types d'un
système. On peut, d'une manière générale et en quelques
mots, indiquer le sens et la portée de ce groupe de l'Économie sociale, né un peu tard, le 9 juin 1887, bien après
les neuf autres groupes, comme le Benjamin de l'Exposition universelle.

L'exposition d'économie sociale dont les innombrables
documents français et étrangers vous entourent ici de tous
côtés, donne une leçon consolante et fortifiante. Remplie
de choses peu connues et de solutions cachées, elle a été
une révélation pour certaines personnes qui, ayant appris
par cœur des formules toutes faites, croyaient sincèrement
ne rien ignorer. Elle enseigne à tous, en effet, que la population vouée au travail manuel n'est pas condamnée à
vivre et à mourir sans espérance dans un cercle infernal.
Si parfois, rendus inconscients par l'alcoolisme ou aveu-
glés par le mirage d'une révolution sanglante qui devra
rendre tout le monde heureux, quelques-uns se précipi-
tent eux-mêmes dans l'abîme, il est certain, il est démon-
tré, par des exemples réels et tangibles, que beaucoup d'ou-

vriers de l'usine et de la terre jouissent d'une condition non seulement supportable, mais relativement bonne et heureuse. Rien ne s'oppose à ce que d'autres soient aussi bien traités. Il existe une série de combinaisons et d'institutions grâce auxquelles il est possible d'échapper à la misère, d'obtenir dans le présent plus de bien être et, dans l'avenir, la sécurité quand viendront les infirmités et la vieillesse. Les *Questionnaires* préparés par notre groupe forment le programme et le cadre de l'enquête la plus vaste, la plus méthodique, et la plus complète qui ait jamais été ouverte sur les matières de l'économie sociale. Nous avons déjà reçu et classé beaucoup de réponses. Elles révèlent des faits d'une grande importance, dont la vulgarisation et la généralisation intéressent toutes les personnes qui travaillent de leurs mains. Sans doute, un certain nombre d'enfants du peuple, admirablement doués, ressemblent au soldat qui a dans sa giberne un bâton de maréchal ; grâce à l'instruction qui leur est largement et obligatoirement donnée, ils arriveront, peut-être, dans des carrières diverses, à la fortune et à la gloire, mais ce sont là des exceptions ; nous nous préoccupons surtout, ici, de la masse qui travaille toujours, qui souffre souvent et dont il s'agit d'améliorer le destin.

Nos conférences ont pour but de contribuer à remplir cette tâche. La section II, qui a pour objet la Participation dans les bénéfices et les Associations coopératives de production, m'a fait l'honneur de me désigner, pour traiter ce sujet, au choix de la Commission d'organisation du groupe et de la Commission supérieure des Congrès et Conférences.

Je viens m'acquitter de ce devoir.

DÉFINITION

Je commence par une définition, car il faut s'efforcer d'être clair et précis lorsqu'on est appelé à parler de ces questions sociales délicates où l'équivoque et les malenten-dus sont particulièrement dangereux. La participation dans les bénéfices est une libre convention, expresse ou tacite suivant les cas, par laquelle un patron donne à son ouvrier, en sus du salaire normal, une part dans ses béné-fices sans participation aux pertes.

LÉGITIMITÉ DU CONTRAT DE PARTICIPATION

Cette convention est-elle légitime?

Au premier abord quelques personnes conçoivent à cet égard des doutes mal fondés. Leur amour de la symétrie, de la régularité mathématique et de la forme les amène à dire que si l'ouvrier n'est pas prêt à sortir de sa poche une part des pertes possibles, il n'a point qualité pour obtenir, autrement qu'à titre de cadeau gracieux, une part des pro-fits. On déclare, en conséquence, que la participation aux bénéfices, telle que je vais en exposer les caractères, ne serait qu'un prétendu contrat, ne reposant sur aucune base légale, contraire au droit strict et même à l'équité, injuste, illogique, mal équilibré, borgne et boiteux. C'est une erreur.

« Nous sommes les principaux facteurs de la produc-tion », peuvent dire ceux qui représentent le travail. Je comprends dans cette dénomination les contremaîtres et les ouvriers, les ingénieurs comme les employés, les chefs de service comme les subordonnés les plus humbles, l'in-telligence dirigeante et créatrice d'un cerveau puissant

aussi bien que la force matérielle obéissante et passive du
dernier manœuvre. Ce sont là les éléments précieux et
vivants qui viennent se mettre au service du capital. « Je
suis le moteur essentiel de l'industrie, peut dire encore le
travail, et avant de franchir le seuil de l'usine pour y
gagner ma vie, je demande à partager avec son propriétaire
les bénéfices que notre entente va produire ». Mais sur
quel pied va se faire ce partage difficile? Il ne faut pas
oublier que le capital engagé dans certaines industries peut
réclamer à juste titre de gros bénéfices, parce qu'il court
souvent des risques très graves. De nombreux dangers, des
crises et la faillite le menacent. L'ouvrier peut sans doute
être asphyxié, brûlé, écrasé, mutilé, rendu aveugle par les
accidents, intoxiqué par la nature même de son travail ou
usé avant l'âge par l'excès de fatigue ; mais s'il a le bonheur
d'échapper à cette catégorie de risques industriels, il peut,
son salaire payé, survivre à la ruine du patron et aller travailler ailleurs. Il n'encourt pas et ne pourrait assumer les
responsabilités pécuniaires qui anéantissent le capital. De
ce qui précède il résulte que si l'on admet, par hypothèse,
que, solvable et associé aux pertes, l'ouvrier qui ferait,
pour un temps déterminé, l'apport en nature de ses bras (1),
pourrait stipuler, suivant les circonstances, une part plus
ou moins forte, par exemple la moitié, le tiers ou le quart
du bénéfice, on devra reconnaître, en sens inverse, que le
même ouvrier ne pourra légitimement demander que le

---

(1) « La réputation même peut former un apport. Rien ne
s'oppose à ce qu'un négociant auquel sa loyauté, son intelligence
et des aptitudes spéciales ont acquis la confiance, fasse de ce
capital l'objet de son apport. » (Delangle, *Des Sociétés commerciales*, 1, p. 70.)

quart, le sixième ou le huitième de ce bénéfice, ou toute autre proportion plus faible, s'il est affranchi de toute responsabilité et de tout risque en dehors des accidents corporels dont il peut être victime.

L'usage de donner une part de bénéfice sans participation aux pertes est d'ailleurs universellement consacré en ce qui touche les directeurs, ingénieurs et chefs de service des sociétés anonymes, ou autres établissements industriels, commerciaux ou financiers. Aucun doute ne s'est jamais élevé sur ce point, et la coutume s'est établie d'elle-même. Pour eux, l'intérêt dans les bénéfices, en outre, de leur traitement, a toujours paru très rationnel, très normal. Eh bien, lorsqu'il s'agit d'un personnel d'ouvriers ou d'employés dont le concours est jugé utile, ce qui est juste et vrai pour l'état-major l'est aussi pour l'armée tout entière. La question a été sérieusement étudiée au *Congrès international de la Participation aux bénéfices*, qui a siégé en juillet dernier dans cette même salle où viennent aussi d'avoir lieu les solennelles délibérations du Jury supérieur de Revision de l'Exposition universelle.

Un de nos savants collègues, M. Gonse, conseiller à la Cour de cassation, a traité la question de la participation au point de vue du droit. Il a fait sur la matière un rapport très intéressant, dont je vous lirai seulement la conclusion :

« Le droit des obligations dont les Romains ont si bien assis les bases, régit encore presque sans changement le monde juridique. Il reconnaît la liberté des conventions et, par suite, le lien de droit qui existe entre le patron et l'ouvrier réunis par la participation, il valide l'obligation

du patron et consacre le droit de l'ouvrier à réclamer l'exécution légale d'une convention régulière. Voilà la théorie.

« .... En face des merveilles que nous admirons ici, qu'il
nous soit permis cependant de dire : Puisse la participation, en resserrant la collaboration, en établissant une mu-
tuelle confiance, activer dans l'intérêt commun les forces
productives, contribuer à l'harmonie et au bien être de
tous ceux qui travaillent au renouvellement incessant de
l'industrie ! C'est là le progrès, le passé nous en est garant.
Nous l'attendons avec confiance (1).

Le Congrès a pris la délibération suivante :

« Le Congrès international est d'avis que la convention
« librement consentie, par laquelle l'ouvrier ou l'employé
« reçoit une part de bénéfices, déterminée d'avance, est
« conforme à l'équité et aux principes essentiels du droit
« positif. »

Ceci bien établi, j'ajoute qu'irréprochable en droit, la
participation offre, à mon avis, deux avantages essentiels ;
d'une part, elle peut contribuer, en maintenant le salaire à
son taux normal, à empêcher l'augmentation, souvent dé-
sastreuse, du prix de revient ; d'autre part, elle peut créer
des ressources pour fonder et entretenir les institutions de
prévoyance nécessaires à l'ouvrier. De plus, rien qu'en rendant indispensable la tenue d'une comptabilité régulière et

(1) Exposition universelle internationale de 1889. Congrès et
conférences. Congrès international de la participation aux bénéfices. Ordre du jour des travaux du Congrès. Rapports présentés
sur les questions du programme. Paris, Imprimerie nationale,
1889 (pages 5 et suiv.).

la confection d'un inventaire sérieux, la participation dimi-
nuerait peut-être le nombre des affaires compromises et aug-
menterait les chances de succès de celles qui sont bonnes.

La participation aux bénéfices a reçu, il y a peu de temps,
avant la réunion de notre Congrès, une autre consécration
solennelle. La Chambre des députés, le 7 juin 1889, par
un vote unanime en seconde lecture, a adopté le projet de
loi sur les Sociétés coopératives de production et sur le
contrat de participation aux bénéfices qui avait été présenté
par le Gouvernement le 16 juillet 1888.

L'article 53 est ainsi conçu :

« Tout commerçant, industriel ou agriculteur, toute
« Société commerciale, industrielle ou agricole peut ad-
« mettre ses ouvriers ou employés à participer aux bénéfi-
« ces de l'entreprise, sans que cet engagement entraîne
« pour les participants aucune responsabilité en cas de
« perte. »

Le rapport de M. Doumer, député, ajoute à l'article 53
le commentaire suivant : « Cet article fait, en droit, de la
participation, ce qu'elle est en fait : une rémunération
plus équitable que le salariat seul ; mais non pas une libé-
ralité ni une part dans la propriété de l'entreprise (1). »

Nous attendons le vote du Sénat. S'il est favorable, la
participation, désormais inscrite dans nos lois, aura reçu
ainsi son acte de naissance officiel et ses lettres patentes

---

(1) Voir au *Bulletin de la participation*, tome X, page 199, un
extrait de l'exposé des motifs et du projet de loi, et tome XI,
page 104, un extrait du rapport de M. Doumer, député, au nom
de la Commission présidée par M. Jules Siegfried.

de haute et illustre noblesse. Les grands ancêtres ne lui
manquent pas. Elle peut citer Montesquieu (1), Turgot (2),
les antiques traditions de la pêche maritime, et les coutumes séculaires du métayage, mais on lui a longtemps con-
testé ses titres. Aujourd'hui, ce n'est plus un petit bâtard,
méconnu, dédaigné, à peine enregistré par la jurisprudence,
c'est l'enfant légitime des principes de notre droit.

Notre Congrès international de la participation a reçu
tardivement une communication importante d'un de ses
membres étrangers. M. le comte Auguste Cieszkowski,
propriétaire agriculteur aux environs de Posen, s'honore
d'avoir mis chez lui en pratique le principe de la participation, à une époque très ancienne. Dès 1845, il en a soutenu le principe dans un congrès agricole en faisant remarquer que si l'on pouvait sans difficulté prélever sur le
produit net un tantième au profit du régisseur, on appli-
querait aisément aussi ce système au moindre des valets
de ferme (3).

---

(1) « Il n'y a qu'une société de perte et de gain qui puisse ré-
concilier ceux qui sont destinés à travailler avec ceux qui sont
destinés à jouir. » (*Esprit des Lois*, liv. XIII, ch. III.)

(2) Lettres des 27 novembre et 11 décembre 1775 à l'intendant
de Caen, ordonnant que les jeunes gens des dépôts de mendicité
engagés dans les compagnies d'ouvriers provinciaux militaires
auront une solde de 10 sous par jour, et, en outre, un cinquième
du produit net de leur travail, qui pourra former à la fin de leur
engagement une masse d'épargne de 300 livres.

(3) *Sur les moyens d'améliorer le sort de la population des
campagnes*, discours prononcé au Congrès agricole de Berlin,
le 17 mai 1845, par M. Aug. Cieszkowski, député aux Etats du
grand-duché de Posen. Traduction de M. Julien. Extrait du
Journal des économistes d'octobre 1845, cité dans l'Enquête de
la commission extra-parlementaire des Associations ouvrières,
2ᵉ partie, p. 475.

M. le comte Cieszkowski a écrit à notre président d'honneur M. Émile Levasseur, membre de l'Institut, le 14 juillet, que s'il avait pu assister au Congrès, il aurait parlé de la légitimité du contrat de participation. Je vous demande la permission de lire un passage de cette lettre :

« Qui douterait encore qu'une telle participation soit conforme au droit naturel et à l'équité ? Je crois donc qu'il y aurait à ajouter, pour ne pas enfoncer une porte ouverte, qu'elle n'est pas moins conforme à la science et à la pratique économique. Car c'est sur ce point-là qu'il y aurait encore bien des douteurs à convertir, surtout dans un temps comme le nôtre où l'on invoque à tout bout de champ la science, mais à tort et à travers, quelquefois même pour saper le droit et l'équité. Même les disciples de Lassalle et de Marx usent et abusent de la science pour préconiser leurs moyens négatifs et révolutionnaires sans se douter que la vraie science ne reconnaît pour vrai que le *positif* et l'évolution.

« Si j'assistais au Congrès, je déduirais d'abord la participation comme conséquence et solution naturelle, logique et mathématique de la grosse question du salariat tel qu'il existe aujourd'hui, et ensuite comme antidote positif des grèves, capable, non pas de les combattre, mais de les prévenir, ce qui vaut mieux, et capable aussi de fondre ou dissoudre petit à petit (ou transformer) ce que les socialistes ont nommé « *la loi d'airain* » en ce que moi j'appelle tout simplement « le minimum assuré », — différenciant ainsi la *constante*, qui est ce minimum, de la *variable* qui l'augmente par la participation aux bénéfices ; — cette participation développant alors ses innombrables avantages pratiques dont on n'a expérimenté encore, hélas, qu'une très faible partie. »

M. le comte Cieszkowski est dans le vrai. Le minimum assuré, c'est le salaire tel qu'il résulte de l'offre et de la demande. La participation peut y ajouter un appoint considérable. Le salaire, toujours soumis à la pression de la concurrence, c'est la houille de la machine, l'avoine du cheval, le pain quotidien de l'ouvrier, c'est-à-dire une certaine dépense nécessaire, imputable sur frais généraux, sans laquelle aucun travail ne pourrait être fait, mais qui, suffisante pour faire vivre l'homme au jour le jour, se prête difficilement à la création du patrimoine et à l'usage utile des institutions de prévoyance. Une part convenablement fixée des bénéfices peut intervenir, lorsque l'inventaire se fait, et jouer à cet égard un rôle réparateur. Ce que je viens de dire du salaire s'applique en même temps à la coopération et à la participation. Le salaire est inamovible de toute façon ; il dure et durera, non pas seulement dans les maisons à participation, mais aussi dans les Sociétés coopératives de production. On pourra l'appeler comme on voudra, lui donner le nom « d'avance », si l'on veut, ce sera toujours et partout un premier élément fixe et certain de la rémunération du travail auquel viendront s'ajouter les profits éventuels de la coopération. Il faut encore ici définir les termes : *Coopérer*, dans le sens ordinaire du mot, veut dire simplement travailler ensemble. A ce point de vue, le cheval et le bœuf sont les coopérateurs du fermier. Pour nous ce mot a un autre sens, il veut dire *Copartager*. Le grand drame du travail comprend deux périodes : celle de la production où tout le monde travaille, collabore et coopère ; puis celle de la distribution où tous, dans de justes proportions, se partagent les fruits du travail commun. « Sachez produire la richesse et sachez la répartir, a dit Victor Hugo dans *les Misérables*, et vous aurez tout ensemble la grandeur matérielle et la grandeur morale. »

PROGRÈS DE LA PARTICIPATION

Je dois maintenant appeler votre attention sur la marche en avant du principe de la participation aux bénéfices.

Quels progrès considérables et relativement rapides ! En 1842 un commissaire de police de Paris, par un acte dont vous pourrez lire la copie dans un pavillon voisin, faisait sommation au sieur Leclaire de ne pas réunir ses ouvriers pour leur parler de participation aux bénéfices. Un rapport au préfet de police avait déclaré que l'ouvrier ne doit pas s'entendre avec le maître.

Et, en conséquence, on défendait au sieur Leclaire de donner la participation à ses ouvriers !

En 1867, lors de l'Exposition universelle, le *Jury spécial du nouvel ordre de récompenses* fut appelé à distribuer des grands prix aux établissements qui méritaient d'être mis en lumière. Ce jury semble avoir voulu faire l'apothéose du système patriarcal dans lequel un patron généreux répand sur son personnel une rosée de bienfaits. S'inspirant des vues élevées de M. Le Play, ce jury n'a pas songé à continuer les traditions du commissaire de police de 1842, et il a bien voulu récompenser la maison Leclaire déjà très en vue à cette époque, mais comment ? On ne lui a donné qu'une mention honorable, toute petite, ignorée et confondue avec les derniers accessits dans les profondeurs du palmarès, ce qui n'a pas empêché, peu de temps après, M. Victor Duruy, alors ministre de l'instruction publique, de dire en pleine Sorbonne, aux ouvriers de M. Leclaire, réunis en assemblée générale : « J'espère que votre bannière sera bientôt à la tête du « monde industriel, parce qu'elle porte dans ses plis une « idée de justice et de concorde sociale. » Dix ans après, en 1878, une autre Exposition universelle avait lieu, Leclaire était mort et ses successeurs exposaient, dans la classe du bâtiment, un panneau sur lequel, au-dessus de quelques paroles du Maître (1), on devait écrire « *Association des ouvriers aux bénéfices du patron* ». L'administration s'émut, offusquée. L'architecte hésitait. Une négociation fut nécessaire pour obtenir le maintien de ce mot fatidique « *Association* ». Faut-il s'en étonner ? L'*Association générale des ouvriers tailleurs*, fondée en 1863, n'avait-elle pas été congédiée du local qu'elle occupait, parce que les autres habitants du même immeuble, parmi lesquels un notaire, ne voulaient pas tolérer sur la maison l'enseigne de l'association ? *Dix-sept* propriétaires, auxquels les ouvriers tailleurs s'adressèrent successivement, soulevèrent la même objection (2).

En 1889, Messieurs, dans cette glorieuse année où nous

_____

(1) Voici ces paroles, répétées cette année dans le pavillon voisin, au-dessus du buste de Leclaire :

« Edme-Jean Leclaire à ses ouvriers. Si vous voulez que je parte de ce monde le cœur content, il faut que vous ayez réalisé le rêve de toute ma vie. Il faut qu'après une conduite régulière et un travail assidu, un ouvrier et sa femme puissent, dans leur vieillesse, avoir de quoi vivre sans être à charge à personne. 1864. »

(2) *La Participation aux bénéfices et les Associations ouvrières en France*, par Edouard Simon, 1885 (page 12).

sommes, la scène a complètement changé. Un grand mouvement s'est produit. Depuis sa mort, Leclaire a eu de nombreux imitateurs. D'ailleurs, il faut remarquer qu'après chacune de nos révolutions, on constate une impulsion donnée aux créations destinées à améliorer le sort du peuple. Les uns par bonté, d'autres par crainte, jugent qu'il y a lieu de faire quelque chose. On l'a vu en 1848 et plus tard en 1872. Nous connaissions, au moment de l'ouverture de l'Exposition, 131 maisons pratiquant la participation aux bénéfices, et ce chiffre est déjà devenu très inexact. De nombreuses lettres arrivées depuis quelques mois nous signalent des lacunes. Beaucoup de maisons font de bonnes et grandes choses sans vouloir les divulguer. Deux ou trois types importants qui existent en Suisse nous étaient inconnus. Le hasard nous les a fait découvrir. M. Schloss, au Congrès, nous a apporté une liste supplémentaire de maisons anglaises, et M. Gilman nous envoie les nouvelles recrues d'Amérique. En Angleterre, au lieu de quelques maisons connues de nous, il y en aurait 28 pratiquant la participation (1). Le 23 mai dernier, la participation vient d'être créée dans les manufactures Bourne, à Fall-River, Mississipi. La loi dont j'ai parlé tout à l'heure a été, je le répète, votée par la Chambre à l'unanimité. L'Académie des Sciences morales et politiques, chargée de distribuer le prix Audéoud destiné à honorer les œuvres et les établissements qui ont travaillé à l'amélioration du sort des ouvriers, a décerné des médailles d'une grande importance à cinq établissements industriels

_____

(1) *The Fortnightly Review*, Octobre 1889. The Labor problem, article de M. Schloss.

dont quatre pratiquent la participation aux bénéfices : la maison Leclaire, le « Bon Marché », la maison Baille-Lemaire et la blanchisserie de Thaon (Vosges), dirigée par M. Lederlin. Des mentions honorables ont été décernées à M. Albert Trombert, secrétaire de la Société pour l'étude de la participation aux bénéfices, pour sa traduction de l'allemand et la continuation de l'ouvrage du Dr Victor Böhmert, et à M. A. Crouzel, auteur de deux études, l'une sur la participation considérée au point de vue du droit, l'autre sur la communication et la représentation des livres du patron et d'un ouvrage important sur les coalitions et les grèves. Une grande médaille a été obtenue par M. Hippolyte Maze, en sa qualité de directeur de la *Revue des institutions de prévoyance* qui a inscrit sur son programme la participation aux bénéfices et qui s'efforce de la propager.

La participation a désormais prouvé qu'elle constitue un régime durable et normal de rémunération du travail, et qu'elle n'implique pas nécessairement la suppression, la transformation ou l'abdication du patronat. Elle a chez nous des sectateurs compromettants : j'appelle ainsi ceux qui voudraient la rendre obligatoire par un texte de loi. De ce nombre sont quelques députés qui ont signé, avec M. Ballue, des propositions dans ce sens. Rien n'est plus dangereux, tout le monde le sait, qu'un maladroit ami ; mieux vaudrait un sage ennemi. Ce dernier avantage, si précieux, grâce auquel on est toujours sur ses gardes, n'a pas fait défaut à la participation. Si elle avait eu besoin de conseils, d'avertissements, de leçons et même de réprimandes, les professeurs ne lui auraient pas manqué, mais elle avait heureusement, pour l'aider à rester dans le droit

chemin, ses tuteurs naturels, c'est-à-dire les chefs d'industrie eux-mêmes, fondateurs dévoués, membres assidus depuis 1878 de la *Société pour l'étude pratique des diverses
méthodes de participation du personnel dans les bénéfices
de l'entreprise*. Par décret du 12 mars 1889, rendu sur
l'avis conforme du Conseil d'État, cette Société a été reconnue comme établissement d'utilité publique.

En Angleterre, malgré l'échec éclatant de la participation
dans les houillères de MM. Briggs et Cⁱᵉ à Whitwood, la
participation est aussi en progrès. Dans l'un des derniers
congrès coopératifs d'Angleterre, à Dewsbury, M. Vansittart Neale a dit qu'en principe le producteur a le droit de
stipuler une part des bénéfices de son travail, sans participation aux pertes, et que ces bénéfices capitalisés lui per-
mettront de devenir actionnaire de l'entreprise dans les
conditions ordinaires de participation aux gains et aux
pertes. La participation servirait ainsi de transition entre
le salaire pur et simple et la coopération ouvrière de production proprement dite. « J'ai passé ma jeunesse dans
une fabrique, a dit M. Georges Jacob Holyoake ; j'y ai vu
la condition désespérée dans laquelle on vivait et on mou-
rait autour de moi. Vous parlez en vain de la dignité du
travail... Il n'y pas de dignité du travail si on ne lui réserve pas une part des bénéfices. » M. le marquis de Ripon,
membre de la Chambre des Lords, ancien vice-roi des
Indes anglaises, a adressé aux membres du Congrès, en
faveur de la participation, le plus chaleureux appel. L'un
des socialistes chrétiens d'Angleterre les plus éminents,
Thomas Hughes, écrivait récemment à M. Gilman, aux
États-Unis, qu'après une longue période d'expériences et
d'essais, il a reconnu que la participation *(profit sharing)*

est le seul remède, vraiment sain, appréciable et efficace pour guérir les maux dont souffre le monde du travail (1). M. David F. Schloss, de Londres, qui représentait la section britannique à notre Congrès, constate que le nombre des maisons anglaises qui pratiquent ce mode de rémunération du travail grandit de jour en jour, et que ce fait doit être attribué surtout à l'exemple de M. Bushill de Coventry qui s'efforce, dit M. Schloss, de suivre les pas des grands Français Leclaire et Godin.

La participation a déjà sa littérature qui pourrait remplir une vaste bibliothèque. Je citerai seulement, pour la France, le *Bulletin de la participation aux bénéfices*, les ouvrages de M. de Courcy, l'enquête extra-parlementaire de 1883 et 1885 à laquelle reste attaché le nom de M. Waldeck-Rousseau et dont M. Barberet a été l'actif secrétaire ; pour l'Allemagne, le livre et les enquêtes de M. Victor Böhmert ; pour l'Angleterre, les excellentes publications de Sedley Taylor, de Cambridge, dont les écrits en langue anglaise ont contribué à transporter de l'autre côté de l'Océan les semences de participation recueillies en France ; enfin, pour l'Amérique, parmi beaucoup de travaux remarquables, l'ouvrage si complet de M. Nicolas P. Gilman, de West-Newton, qui, publié en 1889, est déjà parvenu à son troisième mille (2).

Tous ces auteurs classiques de la participation sont re-

---

(1) Discours prononcé par M. Gilman au 22ᵉ Congrès annuel de la *Free religious Association* (Journal *The New Ideal*, Boston, juillet 1889).

(2) *Profit sharing between employer and employee*. Houghton Mifflin and Co. Boston, et Guillaumin, à Paris.

présentés à l'exposition d'économie sociale où une grande place nous a été accordée.

Quand le jury international s'est réuni, il a fait une large part, dans ses plus hautes récompenses, grands prix ou médailles d'or, à cette participation aux bénéfices si modeste, si humble il y a quelques années encore, et qui servait même de sujet de plaisanterie à quelques personnes, les unes majestueusement assises au-dessus des nuages, au sommet de l'Olympe économique, les autres, enfoncées jusqu'au cou dans les vieilles habitudes de leur négoce et dans le prosaïsme de leurs affaires. (*Applaudissements.*) Si l'on voulait bien recommander aux *participophobes* la modération, on se moquait agréablement des *participolâtres* et même des simples *participophiles.*

Mais, tout récemment, un membre éminent de l'Institut, toujours fidèle cependant aux grandes lois de l'économie politique orthodoxe, M. Émile Levasseur, a parfaitement exposé, dans la séance d'ouverture du Congrès de la participation, qu'il est possible, en appliquant d'une façon nouvelle ces lois immuables, d'arriver à des arrangements pratiques qui donnent bon espoir aux amis du principe d'association. On peut dire qu'en 1889, la Chambre des députés, le Gouvernement, l'Institut de France et le Jury international des récompenses à l'Exposition universelle ont mis la participation en pleine lumière. C'est ainsi que les rayons électriques de la tour Eiffel, projetés le soir sur les monuments du Champ-de-Mars, éclairent soudain d'un vif éclat l'une de ces statues allégoriques qui semblent montrer à la génération présente le chemin de l'avenir.

DISTINCTION NÉCESSAIRE

J'ai à parler maintenant des caractères de la participation aux bénéfices ; et je dois commencer par une distinction. Deux systèmes sont usités : le premier est celui où
n'existe aucune réglementation écrite : la générosité du
patron se traduit à la fin de l'année par le don d'une somme
partagée à titre de cadeau individuel ou affectée à des
œuvres de bienfaisance établies dans l'usine. Il y a bien là
une participation aux bénéfices, mais sans quantum déterminé d'avance, sans aucun contrôle des comptes, par
conséquent, et de nature à être étroitement rattachée à cet
ensemble d'usages bienveillants et de coutumes charitables
qui constitue le régime industriel patriarcal. Il faut bien
se garder, Messieurs, de dédaigner ce régime. Il peut être
parfaitement justifié. Suivant les temps et les milieux, telle
ou telle institution doit être jugée bonne ou mauvaise.
Serait-il possible de traiter un groupe de citoyens français,
anglais ou américains comme une tribu du Sénégal ou de
la Cochinchine ? Les institutions libérales, excellentes chez
les uns, seraient funestes pour les autres. La nourriture
indispensable aux gens du Nord pourrait tuer un homme
du Midi. Il importe, quand on s'occupe de l'organisation
du travail et de la condition sociale des travailleurs, de ne
jamais oublier qu'il n'y a rien d'absolu en ce monde, et
d'approprier soigneusement les formes et la rapidité des
progrès à la situation de ceux qui doivent en profiter.

Dans la célèbre maison Leclaire, la participation aux
bénéfices a été pendant longtemps donnée à titre de simple
gratification par un patron autoritaire qui, ayant eu à lutter

énergiquement contre les habitudes de son ancien personnel, n'a voulu être d'abord qu'un dictateur, despote à sa
manière, parce que tel était son bon plaisir. Mais comme
il avait des vues très hautes, inspirées par le désir de contribuer à une grande évolution sociale, il a su parfaitement,
au moment voulu, entrer peu à peu dans la voie de la
réglementation et des garanties pour aboutir à ce que vous
voyez, c'est-à-dire à une association coopérative modèle.

CARACTÈRES DE LA PARTICIPATION CONTRACTUELLE

En présence de la participation élémentaire et patriarcale,
se trouve le système plus perfectionné que j'appellerai
contractuel où, des règlements étant établis, la participation vient s'ajouter au salaire, dans des conditions connues
d'avance par tous. Chacun sait alors quels avantages peuvent résulter pour lui d'une collaboration fructueuse. Ce
système peut comporter des garanties réciproques. Ainsi,
bien que le projet de loi voté par la Chambre des députés
déclare valable la renonciation des participants à tout contrôle d'inventaire, il peut être fort sage, dans divers cas,
de leur accorder un certain contrôle sur les comptes, non
pas un contrôle personnel et indiscret, mais celui qui peut
s'effectuer par un arbitre expert nommé à l'amiable. C'est
le nœud de la question. Ce mode de contrôle, inauguré en
France par notre dévoué et expérimenté confrère, M. Goffinon, concilie, d'une manière très heureuse, le maintien
des pouvoirs du chef de la maison, le secret des opérations
et les garanties qu'il convient de donner au personnel intéressé dans les bénéfices. Du côté du patron, une garantie
essentielle à consacrer, c'est le maintien de son autorité. Il

faut que le patron d'une participation soit, au point de vue
de la gestion et de l'inventaire, aussi libre en principe que
le patron d'une maison ordinaire, sans quoi la participation ne serait pas un progrès, mais une cause évidente d'in-
fériorité et de faiblesse. (*Applaudissements.*) La participation
peut d'ailleurs être supprimée après chaque inventaire, si
le patron la juge impraticable, et il ne s'agit ainsi, après
tout, que d'un bail annuel. Il faut que dans la grande arène
industrielle, chacun des combattants arrive, couvert de son
armure. Si la participation et la coopération devaient avoir
pour conséquence d'obliger le patron ou le gérant à con-
sulter son personnel avant d'agir, l'adversaire les frappe-
rait certainement à ce défaut de leur cuirasse et ils seraient
vaincus d'avance. J'ajoute que la participation d'après un
quantum déterminé, soulève la question de savoir si elle
doit être calculée sur le profit total de l'entreprise ou sur
le profit industriel seul, abstraction faite du bénéfice com-
mercial, et si le profit industriel doit être fractionné par
spécialité de fabrication ou par atelier. J'incline à la participation donnée sur l'ensemble des bénéfices, *mais je crois
qu'on devrait chercher à attribuer sur cette somme totale
des parts proportionnées à l'effort de chaque atelier ou de
chaque individu.* C'est un problème très difficile sur lequel
il y aura certainement lieu de revenir. Il se rattache aux
divers systèmes de primes et de sursalaires qu'il sera peut-
être possible de combiner avec la participation dans les
maisons prospères, en ajournant jusqu'à l'inventaire, pour
le payer sur bénéfices, le sursalaire qu'on escompte aujourd'hui en l'imputant à chaque quinzaine sur frais
généraux.

En étudiant ces combinaisons si variées, si complexes,

gardons-nous bien de confondre le contrat de participation avec le contrat de société qui implique la participation aux pertes. J'ai déjà indiqué les différences qui séparent ces deux conventions, et je crois inutile d'insister sur les considérations juridiques que je pourrais vous présenter sur ce point.

CARACTÈRE ESSENTIEL DE LIBERTÉ

Un autre caractère essentiel, Mesdames et Messieurs, de la participation, telle que je la comprends, c'est la liberté. Je repousse en cette matière la coercition légale, et à plus forte raison, d'une manière générale, l'absorption des individus dans la collectivité par le socialisme d'État. La solution pacifique des questions sociales intéresse au plus haut degré la puissance publique obligée de faire marcher la troupe pour rétablir l'ordre en cas d'émeute. L'intervention de l'État est certainement nécessaire et légitime dans un grand nombre de cas, mais je la condamnerais absolument en ce qui concerne la participation où elle impliquerait nécessairement l'ingérence odieuse et intolérable du gouvernement dans les inventaires annuels de l'industrie privée. Nous n'avons pas besoin de prendre ici pour modèle M. de Bismarck. Nous suivons avec une attention profonde et soutenue la tentative gigantesque faite en Allemagne par les lois sur l'assurance obligatoire contre les maladies, les accidents, les infirmités et la vieillesse. Il y a certainement là une grande idée, mais sa réalisation par l'intervention de l'État nous paraît constituer un double péril à la fois politique et financier. De plus, cette manière de procéder, conforme peut-être aux traditions administratives de la monarchie prussienne, est en contradiction complète avec nos mœurs actuelles. Nous nous sommes habitués à la liberté et nous sommes peu disposés à en finir avec elle. Nous n'avons aucun parti pris de dénigrement. Si l'assurance obligatoire contre les accidents réussit, nous lui rendrons pleine justice, mais constatons, en passant, que la loi allemande du 22 juin 1889, sur les retraites, partage le fardeau de ses bienfaits entre les ouvriers, les patrons et l'État; qu'elle doit s'appliquer à 12 millions de personnes; qu'elle pourra coûter à l'État 80 millions de marcks par an; qu'elle ne donne à un âge avancé, 70 ans par exemple, après 40 ans d'assurance, que des pensions infimes de 133 francs ou de 238 francs, suivant la classe, ou, en cas d'invalidité, de 137 à 367 francs, et qu'il faut mettre en mouvement pour ce mince résultat un personnel très nombreux qui représente un chiffre énorme de frais. J'ajoute, en me plaçant à un point de vue politique supérieur, que c'est ouvrir la porte au socialisme révolutionnaire. Il prend acte de l'ouverture d'une brèche qu'il se réserve d'élargir.

Quant à la participation obligatoire fondée sur le droit absolu qu'il faudrait reconnaître à l'ouvrier d'exiger cette participation la loi à la main, c'est une idée chimérique et fausse. Elle se heurterait d'ailleurs à des difficultés pratiques insurmontables. On ne peut compter ici que sur la volonté persévérante des intéressés et sur la force d'un grand courant d'opinion publique.

Si, dans un siècle peut-être, le législateur songeait à ajouter un chapitre au Code civil pour faire de la participation le droit commun de la rémunération du travail, en indiquant d'office les clauses de ce nouveau régime de communauté légale applicable à l'union du travail et du capital, la liberté s'imposerait là encore, et la faculté de stipulation contraire, pour le maintien du salaire pur et simple, devrait être expressément réservée aux deux parties.

Sans parler de M. Balluc et des députés qui se sont joints à lui, j'ai entendu des personnes de condition et d'instruction très diverses, un docteur en droit, un ministre du culte, l'un des administrateurs d'une grande entreprise coopérative, et l'un de nos honorables collègues ouvriers des comités d'admission, réclamer la participation obligatoire :

« Si la Participation reste facultative... m'écrivait ce dernier, elle ne représente plus (à mon sens) un progrès d'émancipation économique, car elle rentre dans le domaine de la gratification, guelte, plus-value, tant du cent, etc., accordés à titre gracieux ou intéressé par les entreprises commerciales ou industrielles.

« Ce n'est pas comme *faveur* qu'il me paraît rationnel d'implanter la Participation, c'est comme *droit ;* autrement, de quelle manière, et à quel moment pourra-t-on opérer l'évolution pacifique entre le travail salarié et le travail associé ?

« De grands exemples peuvent être assurément fournis par des chefs d'entreprise généreux ou plus intelligents, mais si leur initiative conserve le caractère d'un privilège particulier, local, individuel, ou même collectif, le cadre général des relations du travail avec le capital-moteur n'en sera point modifié pour cela.

« Au contraire : si nous voulons que la Participation revête un caractère éminemment social, il faut que la doctrine érige en axiome de justice distributive le droit pour le « *travail* » de toucher sa part de plus-value, de même que le « *capital* » pourvoyeur touche la sienne, une fois son loyer récupéré.

« Il faut qu'en raison de ce droit reconnu, le travail soit éclairé sur les conditions de réussite ou d'aléa afférentes à l'entreprise (je dis : *éclairé*, et non *consulté*), afin que son éducation, échelonnée sur cette accession pratique, sanctionne moralement le partage de bénéfices qu'il contribue à produire.

« Envisagée sous cet aspect, la Participation est une étape dans la vie de l'humanité ; elle marque une phase de la civilisation ; elle engage la responsabilité du bénéficiaire, et consacre l'ordre nouveau qui s'impose à l'activité moderne dans ses rapports avec les devoirs sociaux. »

J'ai répondu à mon dévoué collègue que l'obligation légale séduit au premier abord, mais que quand on étudie la question bien à fond, on rencontre l'impossibilité ; j'ai ajouté que l'ouvrier a le droit moral de souhaiter une participation en sus du salaire en ce sens que c'est là un désir qui n'a rien de déraisonnable ni d'excessif, de même qu'il a le droit de demander tel ou tel prix de sa journée ou de sa tâche ; mais que, par contre, le patron a le droit, à tort ou à raison, de refuser soit le taux du salaire, soit la participation.

On ne peut compter ici, je le répète, que sur une pression morale qui n'ait pas pour effet, c'est là la grande difficulté, d'augmenter l'hostilité réciproque en cas de résistance, au lieu d'améliorer les rapports.

Mais où trouver une presse hydraulique assez forte et assez adroite en même temps pour agir sur de puissantes volontés contraires sans amener un choc et d'irrémédiables ruptures ?

Un de nos collègues anglais du Congrès de la Participation, M. David Schloss, s'est voué à l'étude des moyens de rendre le contrat de participation acceptable par les ouvriers affiliés aux *Trades-Unions* de son pays; mais réussira-t-il auprès d'eux ? et en cas d'affirmative, seraient-ils écoutés par leurs patrons ?

L'influence des bons exemples vulgarisés par la presse et par les expositions donne à notre propagande une force réelle augmentée par l'émulation. La bonne renommée, le prestige d'une maison industrielle s'accroît lorsqu'à ses succès techniques s'ajoute le mérite d'avoir maintenu ou rétabli la paix sociale. De même qu'il y a une loi physique d'équilibre des liquides dans les vases communicants, une grande loi économique et sociale établit peu à peu entre les fabriques similaires d'une même région l'équivalence des avantages accordés au personnel.

Comment accélérer ce mouvement par une impulsion nouvelle?

Voici une proposition qui me vient à l'esprit! Je demande qu'à la prochaine Exposition universelle ou locale aucune récompense ne soit donnée dans les classes industrielles au point de vue technique, si l'établissement qui se distingue par la perfection de ses produits ne mérite pas en même temps une récompense dans le groupe de l'économie sociale, d'après ses réponses détaillées à nos questionnaires d'enquête, pour la manière dont il aura traité et rémunéré les producteurs.

Mais alors, je demande aussi que de hautes récompenses soient prodiguées à ceux qui se seront convertis et qu'aux médailles des néophytes les plus zélés viennent s'ajouter tous les honneurs dont les gouvernements

peuvent disposer en faveur des chefs d'industrie placés
sous leur loi !

CARACTÈRE DE BONNE FOI RÉCIPROQUE

Le contrat de participation doit avoir encore un autre
caractère : il doit être un contrat de bonne foi et de confiance
réciproque. A tout seigneur tout honneur. Parlons d'abord
du patron. Il faut que son offre soit loyale et sincère. Allé-
cher les ouvriers par l'espoir d'un bénéfice et se poser
devant eux en philanthrope pour ne leur donner au bout
de l'an qu'un os à ronger, serait jouer un jeu dangereux.
Donner et retenir ne vaut. La bonne foi doit être la loi
fondamentale de toutes les conventions. J'en dirai autant
aux ouvriers. La participation comporte de leur part envers
leur chef des sentiments pacifiques. Quiconque cherche un
associé ne va pas le choisir parmi ses ennemis. Si les
ouvriers venaient demander la participation la menace à
la bouche, en mettant le poing sous le nez du patron, en
niant son droit à la propriété de son usine et de sa maison,
en lui déclarant considérer tout capital d'une certaine importance comme de l'argent volé, en lui recommandant de
se préparer à des revendications sérieuses au nom desquelles, plus tard, on fera main-basse sur l'outillage et sur la
terre pour s'en emparer en vertu d'un droit antérieur et
supérieur au sens commun, que ferait ce patron que je
suppose excellent homme ? La main qui déjà se tendait
amicalement vers les ouvriers se retirerait. Ouvriers et
patrons, au lieu de se rapprocher, retourneraient bien loin
en arrière. Chacun reviendrait, pour le malheur de l'humanité, à son poste de combat. J'ai lu, il y a quelques jours,

dans une publication belge récente, que « le capital et la propriété actuels sont les fruits des vols faits aux salariés, à ceux qui, produisant *quatre* ne reçoivent que *deux* » (1) ; que la coopération n'est qu'un moyen d'organisation et de préparation à quelque lutte suprême contre l'état social actuel ; qu'il convient de supprimer la propriété individuelle et le salariat, d'affranchir la classe ouvrière par l'application des doctrines socialistes, et de donner à tous les richesses et les instruments de travail aujourd'hui possédés par quelques-uns. Si le prolétariat, ainsi excité et entraîné par ses chefs, peut être comparé à un lion en fureur, il nous sera permis de dire, au nom de cette immense majorité de travailleurs industriels et agricoles français dont chacun possède une part, si petite qu'elle soit, de la richesse publique, que, s'ils ne peuvent nourrir l'espérance d'apprivoiser le lion qui les menace de sa colère, ils ont la ferme volonté de ne pas se laisser manger par lui.

Si les ouvriers français qui commencent à prendre goût à la participation, se mettaient au diapason de la brochure belge dont je viens de parler, il faudrait donc y renoncer tout à fait. Ils se livreraient probablement, triste perspective ! à l'usage immodéré de la grève, moyen suprême, *ultima ratio*, qui devrait n'être employé qu'à toute extrémité pour la défense suprême et nécessaire d'un droit évident. Il n'en est pas ainsi, hélas !

Le quinzième volume de la *Statistique annuelle*, publié par le service de la statistique générale de France vient de donner les résultats d'une enquête portant sur les 804 grè-

(1) La Coopération, ses avantages, son avenir, par Louis Bertrand, rédacteur au *Peuple*. Bruxelles, 1888 (page 4).

ves signalées par les préfets au ministre du Commerce et de l'Industrie.

Pendant 10 ans, de 1874 à 1885 (sans compter 1881), il y a eu en France 804 grèves analysées par le Bureau de la statistique générale. Le taux du salaire a été le motif de 546 de ces grèves dont 364 pour demander une augmentation et 182 pour empêcher une diminution; 629 grèves sur les 804 ont fait perdre aux ouvriers 5,509,367 journées de travail et 57 grèves sur 100 ont eu un résultat défavorable aux ouvriers (1). D'après une étude publiée récemment aux États-Unis sur les grèves, il y en aurait eu 42 sur 100 causées par des demandes d'augmentation de salaire; 1,323,000 ouvriers se seraient mis en grève aux États-Unis, de 1881 à 1886, et plus de la moitié aurait échoué; les ouvriers auraient perdu 250 millions de francs en salaires et les patrons 170 millions en rentrées diverses (2). Au mois de mai dernier environ 90,000 mineurs étaient en grève en Allemagne dans le bassin houiller de la Ruhr. Les grèves des verriers et des mineurs en Belgique, celles

---

(1) *Les grèves en France depuis 1874, leurs causes et leurs résultats*, article de M. Turquan dans *L'Economiste français* du 22 juin 1889.

(2) *L'Économiste français* du 18 mai 1889. *Les grèves allemandes*, article de M. Leroy-Beaulieu. Dans cet article, M. Paul Leroy-Beaulieu fait une observation digne d'être remarquée : « Pour qu'une grève fût évitée, dit-il, il faudrait que, à la fois, les ouvriers eussent des prétentions modérées et que les patrons, quand le travail va fort bien, améliorassent un peu la situation de leur personnel. On dira peut-être que nous arrivons ainsi à la participation aux bénéfices : non pas précisément, mais au salaire partiellement variable. Or, il faut dire que toutes les combinaisons de ce genre sont très difficiles à observer. »

du personnel des chemins de fer et des tramways en Amérique, celle des ouvriers des docks de Londres sont des exemples célèbres.

La participation suppose la concorde. La statistique ne nous signale aucune grève déclarée pour l'obtenir de force ou pour en augmenter le produit. Partout où elle existe la participation est donc un heureux symptôme. Elle n'est guère possible qu'entre gens disposés à s'entendre ou à faire sérieusement la paix.

LE RÉGIME PATRIARCAL.

J'ai déjà avoué mes préférences pour la participation statutaire et contractuelle, mais je veux me placer à un point de vue plus large et plus général, en appliquant cette observation à l'ensemble des institutions ouvrières fondées dans nos usines de France. Il est certain que les patrons ont intérêt à assurer une existence meilleure à leur personnel, mais il faut reconnaître que de nos jours, les résultats sont supérieurs lorsque l'initiative est stimulée. Quand les institutions sont l'objet d'une intervention personnelle de la part de ceux qui en profitent, elles sont plus efficaces. Ceci se rattache à la grande question du régime patriarcal autoritaire et tutélaire. Il a fait beaucoup de bien, il en fera encore, même sans se transformer, dans les milieux où l'ignorance profonde et l'incurie absolue de la population rendent impossible de réclamer son concours actif. Il faut qu'on la conduise en quelque sorte par la main. Si le patron s'abstient, rien ne se fera d'utile, tandis que d'autres agiront, au contraire, d'une façon nuisible. On leur laissera le champ libre ; trompés par eux, les pauvres ouvriers commenceront quelque lutte sans issue, et l'industrie elle-même sera bouleversée et ruinée.

Mais s'il s'agit au contraire, d'un certain milieu où une certaine instruction est déjà répandue, je crois qu'il est bon de s'éloigner du système patriarcal pour arriver au système statutaire en s'appuyant sur la liberté et l'initiative des ouvriers. Entendons-nous bien. Il ne s'agit pas de conseiller aux patrons d'abandonner la moindre parcelle de ces pouvoirs administratifs essentiels qui sont le nerf de l'action gouvernementale et en vertu desquels, par exemple, le chef d'une maison nomme, embauche, congédie, ou révoque ses employés ou ses ouvriers, et règle souverainement les conditions dans lesquelles fonctionnera l'entreprise. Ce chef fera bien, sans doute, quand il le pourra, d'établir des règlements qui augmenteront peut-être sa force réelle, en ayant l'air de la diminuer, mais, en matière de mutualité, d'épargne, de consommation, d'habitation et de prévoyance, qu'il se montre toujours prêt à octroyer une charte à son peuple. En parlant ainsi, ce n'est pas seulement mon opinion personnelle que je présente. Dans nos travaux du jury international, par les enquêtes que nous avons faites ici même, dans cette salle où le jury du groupe de l'Economie sociale a si longtemps siégé deux fois par jour, sous la présidence de M. Léon Say, nous avons été amenés à une conclusion fort intéressante. C'est que plus l'initiative est provoquée, mieux vont toutes choses. Ainsi, dans la section des habitations ouvrières, le système jugé le meilleur est celui qui consiste à faire aux ouvriers des avances remboursables par annuités, pour qu'ils puissent construire eux-mêmes à leur gré leur maison. On procède ainsi dans les Building Societies anglaises et à

Anzin. Pour la Hollande, notre excellent collègue, M. Van Marken, de Delft, vice-président d'honneur du Congrès de la participation, combattu avec fureur par les socialistes, et traité de socialiste par les bourgeois satisfaits de son pays, nous a dit la même chose. Il s'efforce autant que possible de faire intervenir les ouvriers dans l'organisation et la marche des institutions de prévoyance qu'il a fondées dans sa maison. Ces institutions, très nombreuses, très ingénieuses, forment un ensemble des plus remarquables et l'esprit libéral qui les pénètre, augmentera de plus en plus l'intérêt qu'elles présentent (1). Dans d'autres contrées beaucoup d'établissements ont des conseils mixtes, des comités de conciliation, qui mettent en rapport le patron et les ouvriers. En Belgique, dans les charbonnages de Mariemont, fonctionne efficacement un Conseil permanent de conciliation et d'arbitrage. A Angoulême, M. Laroche-Joubert s'oriente de plus en plus vers la coopération et y prépare son personnel. L'économat patronal, toujours exposé à des soupçons malveillants, fait place, dans un grand nombre d'usines, à la Société ouvrière de consommation. Marcher peu à peu d'un régime de tutelle vers l'émancipation et l'autonomie, c'est aujourd'hui la ligne de conduite de beaucoup d'hommes éclairés qui s'éloignent graduellement du patronage autoritaire et absolu. On nous a affirmé qu'à Reims l'abandon du système patriarcal a

(1) Parmi les publicistes étrangers à la Hollande qui en ont fait l'éloge, on peut citer MM. l'abbé Hitze, l'un des chefs du parti catholique au Reichstag d'Allemagne ; le professeur d'économie sociale Post, du Hanovre ; le docteur Alban Forster, rédacteur de l'*Arbeiter freund*, journal de M. Böhmert, et M. Bishop Maron, rédacteur de la Revue américaine *Century*.

transformé les masses ouvrières et l'esprit de la population d'une manière très heureuse. N'oublions pas que dans certaines maisons ce patronage a été poussé beaucoup trop loin. On ne s'est pas occupé seulement de faire le bonheur des gens sans eux et malgré eux ; on a suivi avec une attention trop marquée le mouvement de leurs opinions religieuses et politiques, ce qui peut porter atteinte à la dignité personnelle et à la liberté.

Notre idéal n'est pas celui qu'ont voulu réaliser près de Reims, dans la filature du Val-des-Bois, deux honorables chefs d'industrie, MM. Harmel père et fils. C'est un remarquable type de patronage patriarcal religieux décrit par M. Harmel fils lui-même dans un livre fort intéressant intitulé : *Manuel d'une corporation chrétienne* (1). Deux brefs, l'un du pape Pie IX, l'autre du pape Léon XIII, suivis d'approbations données par l'archevêque de Reims, l'évêque de Poitiers, l'évêque d'Angers et le comte de Chambord, signalent comme un modèle à suivre cet établissement où les ouvriers et les ouvrières sont groupés en Confréries ou Associations dont l'ensemble constitue la Corporation chrétienne.

Un fait remarquable s'est produit récemment, au point de vue des transformations que peut comporter l'ancien patronage. Une Compagnie bien connue, celle des mines de Blanzy, dans le département de Saône-et-Loire, qui emploie cinq mille ouvriers, a été le théâtre d'une grève célèbre, celle de Montceau-les-Mines, où la dynamite a joué son rôle.

---

(1) Alfred Mame et fils, Tours, 1879, et à Paris, au secrétariat de l'œuvre des cercles catholiques d'ouvriers.

On avait fait cependant, dès 1877, de grands sacrifices d'argent dans cette Société pour fonder toutes sortes d'institutions ouvrières, mais on a rencontré une résistance absolue, une hostilité invincible. Heureusement, les patrons, ayant étudié sérieusement la situation, ont changé de système. Prenant le parti héroïque de favoriser l'association sous toutes ses formes, ils se sont effacés, eux qui étaient si prépondérants, eux qui voulaient tout diriger, tout décider, se mêler de tout. Qu'en est-il résulté? Aujourd'hui tout marche à merveille. MM. Jules Chagot et Cie, propriétaires de ces mines, ne craignent pas de le dire ouvertement. Je vous demande la permission de vous lire un passage du rapport qu'ils ont présenté au groupe de l'Économie sociale à l'Exposition universelle sur les institutions ouvrières des mines de Blanzy ; je crois qu'il est de mon devoir de vous faire cette lecture un peu longue et qu'il est aussi de votre devoir de l'entendre et de la méditer. Les institutions vieillissent comme les hommes eux-mêmes, et c'est en quelque sorte le testament du système patriarcal personnel, discrétionnaire et absolu. Vous allez en juger :

« Les institutions patronales, dit ce remarquable rapport, tout en rendant les plus grands services, n'ont peut-être pas donné des résultats en rapport avec les sacrifices faits par la Compagnie.

« On apprécie généralement assez peu ce qui ne coûte aucune peine ; on s'habitue à considérer les faveurs comme des droits ; volontiers on s'imagine que ceux qui font le bien sont poussés par l'intérêt. Il y a pis encore : lorsqu'une espèce de providence pourvoit à tous ses besoins, sans exiger de lui aucun effort, l'ouvrier cesse de compter sur lui-même; il perd le goût de la prévoyance, de l'économie, parce qu'il n'en sent plus la nécessité; son initiative s'éteint, sa dignité s'amoindrit; il est mûr pour le socialisme.

« Ces effets, qui sont la conséquence d'un patronage trop développé, commençaient à se faire sentir à Montceau, il y a quelques années. D'autre part, par une espèce de réaction bien naturelle, l'esprit d'association se réveillait. Des sociétés coopératives de boulangerie, des sociétés de secours mutuels, des syndicats se formèrent dans le pays. A la vérité le mouvement nouveau était dirigé dans un sens socialiste révolutionnaire plutôt que philanthropique; mais enfin il existait, il dénotait un certain état d'esprit avec lequel il était prudent de compter.

« La Compagnie de Blanzy comprit la situation. Tout en conservant ses institutions patronales qui toutes avaient de sérieuses raisons d'être, au moins jusqu'à ce qu'elles fussent remplacées par autre chose, elle résolut d'utiliser ce mouvement d'association, de l'encourager, de le diriger dans la mesure du possible. Depuis quelques années, elle est entrée dans une voie toute nouvelle qui est certainement la bonne. Elle n'est d'ailleurs pas seule à l'avoir suivie.

« Susciter l'initiative de l'ouvrier; faire son éducation économique; l'habituer à compter plus sur lui et moins sur le patron; lui apprendre à gérer ses propres affaires, voilà qui est préférable à cette espèce de tutelle sous laquelle on est porté, par pure bienveillance d'ailleurs, à tenir l'ouvrier, comme s'il était incapable de comprendre ses intérêts.

« Le patron ne doit pas hésiter à recourir à l'*association* quand c'est possible. Avec ce système, il n'est plus seul responsable du bonheur de ses ouvriers. Ceux-ci, étant associés à ses efforts, partagent la responsabilité avec lui, et en assument même la plus grande partie.

« Cela n'empêche d'ailleurs pas le patron de s'intéresser autant qu'il le veut au bien-être matériel et moral de son personnel, de faire tous les sacrifices qu'il juge à propos. Seulement il donne mieux ; ce qu'il donne est plus apprécié, parce qu'à ses propres efforts, à ses propres sacrifices se joignent les efforts, les sacrifices des intéressés qui mettent en pratique ce vieux précepte : Aide-toi, le ciel t'aidera.

« Bien des patrons sont hostiles aux associations ouvrières, parce qu'ils les redoutent; ils y voient des foyers qui entretiennent l'indiscipline, le mauvais esprit. A la rigueur on comprendrait leur manière de voir, s'ils pouvaient arrêter le mouvement d'association ; mais *ce courant est irrésistible.* Il faut à l'ouvrier quelque chose pour le distraire, le *changer* de son travail habituel ; il a une certaine somme d'activité intellectuelle à dépenser ; il faut qu'il la dépense bien ou mal, et les associations fondées dans un but économique, social ou moral, ou même simplement établies pour procurer à leurs membres des distractions honnêtes, sont encore le meilleur aliment qu'on puisse offrir à cette activité ; elles sont encore le meilleur dérivatif, la meilleure soupape de sûreté contre les passions populaires.

« Les *associations* bien dirigées contribuent d'ailleurs puissamment à consolider la *paix sociale ;* car elles apprennent aux braves gens à se compter, à se connaître, à s'apprécier ; elles permettent de démasquer plus facilement les meneurs, les nullités tapageuses.

« Enfin, il y a un fait brutal qui domine tout : le courant existe, les associations se fondent ; et, si on ne les a pas avec soi, on les a contre soi. Il n'y a donc pas à hésiter.

« A Montceau on n'a qu'à se féliciter de la voie nouvelle dans laquelle on est entré. *L'initiative ouvrière dépasse tout ce qu'on avait espéré : les associations se multiplient ; et il est à supposer qu'un jour elles remplaceront partout les institutions patronales,* ou du moins que celles-ci *se modifieront de façon à ce que les efforts des ouvriers soient partout associés avec ceux du patron,* mais pareil changement ne peut se faire qu'à la longue : le temps ne consacre pas ce qui se fait sans lui » (1).

De cette page si instructive, je rapproche une autre citation prise dans le volume et qui m'a beaucoup frappé :

« Les avantages pécuniaires, dit le rapport, fournis par la Compagnie des mines de Blanzy à ses ouvriers en sus de leurs salaires, et sous des formes très variées, se sont donc élevés pour l'exercice 1887-88 à une somme totale de 1,118,996 francs.

« Ce qui, pour un population ouvrière de 5,182 personnes, augmente le salaire moyen individuel et annuel de 215 fr. 93 et grève le prix de revient de la tonne de 1 fr. 22.

« Cette somme de 1,118,996 francs représente 50 o/o des dividendes distribués aux actionnaires. — C'est une véritable participation aux bénéfices.

« Malgré cela, la moyenne des salaires a toujours suivi

---

(1) *Notice sur les institutions ouvrières des mines de Blanzy.* Jules Chagot et Cie, Lyon, 1889 (pages 71 et suivantes).

une marche ascendante, tandis que le pri.: ·lu charbon a constamment diminué » (page 115).

Voilà donc les mines de Blanzy qui viennent se ranger d'elles-mêmes sous le drapeau de la participation aux bénéfices. Qu'elles soient les bienvenues ! je les salue d'autant plus volontiers, qu'après avoir lu ces pages écrites par les directeurs de Blanzy, j'y trouve, en note, citée par eux-mêmes, une phrase de mon éminent collègue du jury, M. Cheysson, président de la section XIV. M. Cheysson a été l'un des disciples les plus dévoués de Frédéric Le Play, le grand organisateur de l'Exposition universelle de 1867, le fondateur du *Jury spécial du nouvel ordre de récompenses*, énergiquement et très efficacement soutenu pour cette création par M. Duruy malgré les divergences d'opinion qui les séparaient. Passionné pour le bien, M. Le Play voulait faire appel sous cette forme à « l'opinion publique du monde civilisé » ; il considérait son projet d'une solennelle distribution de grands prix sociaux, précédée d'enquêtes internationales attentives, comme « l'acte le plus utile et le plus glorieux du XIXᵉ siècle » (1). C'est lui qui, dans le Jury de 1867, a été l'inspirateur puissant, généreux et convaincu de la glorification un peu exclusive des anciennes formes du système patriarcal. — Eh bien, que dit aujourd'hui son savant élève, M. Cheysson, dans la citation que lui emprunte ce même rapport de la Compagnie des mines de Blanzy ?

« En même temps que la généralisation du patronage, l'exposition en atteste la transformation. Le temps des

_____

(1) Lettre du 16 juin 1865.

procédés autoritaires, tels que les emploie le père vis-à-vis de ses petits enfants, est passé.

« L'ouvrier est émancipé et ne souffrirait plus aujourd'hui que, même pour lui faire du bien, on portât la moindre atteinte à son indépendance dont il est fier et jaloux. La tutelle, si bienveillante qu'elle puisse être, le révolte et l'offense comme un attentat contre sa liberté. Cette disposition un peu farouche et ombrageuse est celle de la plupart des esprits ; les patrons avisés en tiennent très grand compte, et substituent de plus en plus à leur action apparente et directe cette protection discrète que Mentor employait vis-à-vis du jeune Télémaque prêt à se cabrer sous le frein, de manière à défendre au fond les ouvriers contre l'imprévoyance, mais presque à leur insu, et, tout en écartant d'eux les dangers, à leur laisser l'illusion d'abord et progressivement la réalité d'une liberté de plus en plus complète pour la gestion de leurs institutions de prévoyance. » (*Réforme sociale* du 1ᵉʳ juillet 1889, page 14 et Rapport de la Compagnie de Blanzy, page 71.)

RÉSULTATS DE LA PARTICIPATION POUR L'OUVRIER

J'ai à vous parler maintenant, Mesdames et Messieurs, des résultats du contrat de participation aux bénéfices. Ils sont nombreux et divers. Je vais les énumérer. Je m'occuperai d'abord des résultats matériels en ce qui concerne les ouvriers. Ces résultats heureux sont évidents et considérables.

Rien que pour 51 établissements sur 131 dont les noms sont inscrits sur une grande surface murale dans le pavillon de la Participation aux bénéfices , il y a eu, de ce chef depuis l'origine, environ 116 millions de francs affectés à des destinations diverses.

La participation aux bénéfices sert de base à un nombre infini d'institutions de prévoyance pour l'établissement et l'entretien desquelles elle donne de grandes facilités. Elle favorise l'esprit d'économie et d'épargne, car il est bien plus aisé à un ménage de mettre de côté une somme de 200, 300 ou 400 francs, qui arrive à la fin de l'année en bloc, que d'économiser une augmentation de salaire, noyée dans la paye de chaque quinzaine. Il y a toute une série d'institutions, qui, sous des formes diverses, d'une façon collective ou à titre individuel, sortent de la participation et en vivent comme des branches vigoureuses nourries par la sève d'un grand arbre. Sociétés de secours mutuels, assurances sur la vie et contre les accidents, livrets individuels qui créent le patrimoine, caisses de retraites pour les vieux jours, apprentissage, avances pour construire une maison, enfin une foule d'œuvres que le Congrès de la participation a analysées et que vous retrouverez dans les expositions qui nous entourent, sont en majeure partie subventionnées par des prélèvements sur les bénéfices de l'industrie. Mais toute cette partie de la question doit être aujourd'hui écartée ; le temps qui m'est accordé pour ma conférence ne me permettrait pas même de résumer ce que j'aurais à vous dire. Tout cela se trouvera, d'ailleurs, dans les rapports qui, à la suite de l'Exposition universelle, seront présentés au nom des sections du groupe de l'Économie sociale. Pour la question si intéressante des assurances sur la vie, je renvoie mes auditeurs à la conférence qui a été faite ici même sur ce sujet par M. Guieysse, répétiteur à l'École polytechnique, actuaire de la Compagnie l'*Union* (1). A cette occasion, je dois dire que les actuaires employés par les Compagnies d'assurances sur la vie à faire leurs tarifs, et à calculer mathématiquement leurs réserves, sont les véritables ingénieurs de la prévoyance ; ils sont et seront appelés, je crois, à rendre de très grands services à la fin de ce siècle aux institutions nouvelles qui naissent de toutes parts et qui, créées parfois avec beaucoup de bonne volonté et très peu de discernement, ont besoin de régulateurs et de guides.

Un grand nombre de ces institutions de retraite et d'épargne sont mal conçues, mal bâties, mal équilibrées ; fondées en dehors de toute notion scientifique, elles préparent aux générations futures de cruelles déceptions. Tout aujourd'hui paraît beau et prospère, mais, dans quinze ou vingt ans, viendront les déboires. L'engouement se changera en colère et une réaction fâcheuse se produira peut-être contre ces institutions, excellentes en principe, mais faussées par l'ignorance. Les actuaires y pourvoiront. Voici un exemple. La Compagnie houillère de Bessèges, qu'il ne faut pas confondre avec les forges de Terre-Noire, la Voulte et Bessèges, où les épargnes ouvrières ont sombré dans une catastrophe industrielle, avait fondé en 1873 une caisse de retraites pour ses ouvriers. « Des illusions généreuses... un capital en croissance rapide (c'est la Compagnie qui parle), la déterminèrent, en 1880, à doubler le taux des pensions. C'était un effort pratiquement

_____

(1) « La participation aux bénéfices, les retraites et l'assurance », conférence faite le 22 juillet 1889 au Cercle populaire de l'Esplanade des Invalides.

irréalisable et ce fut une fausse manœuvre (1). » On l'a
reconnu et avoué en 1887. Par une résolution prompte et
hardie, on n'a pas hésité à revenir en arrière, et à remanier
complètement la caisse des retraites : « On doit s'attendre
dit un rapport de l'ingénieur en chef du 12 janvier 1887,
à trouver une caisse vide avec de nombreuses retraites à
servir, vers 1900 à 1905 (2). » Et la réorganisation, effec-
tuée en prenant pour base l'ouverture à chaque ayant droit
d'un livret individuel de rente viagère différée à la Caisse
des retraites de l'État, a eu lieu d'après ce principe, « que
les directeurs des Sociétés industrielles doivent disposer
les institutions de prévoyance de telle manière que l'entreprise puisse liquider ou disparaître sans léser les droits
acquis » (p. 24).

L'étude approfondie de toutes ces questions s'impose.

Je saisis cette occasion pour vous dire qu'un des derniers
actes du jury international de l'économie sociale a été l'ex-
pression d'un vœu émis sur la proposition de M. Cheysson
et tendant à la permanence de notre exposition d'économie
sociale. Nous demandons que cette exposition soit conver-
tie en un Musée installé soit au Palais de l'Industrie, soit
au Conservatoire des Arts et Métiers, soit au Champ de
Mars, soit ailleurs, et qui contiendrait tous les trésors d'in-
formations aujourd'hui rassemblés autour de nous, livres,
albums, documents inédits et précieux, manuscrits qui
contiennent la pensée intime de ces grands établissements
presque toujours muets, dont l'Exposition a délié la lan-

---

(1) *Les Caisses de secours et de prévoyance à la Compagnie
houillère de Bessèges*, par M. J.-B. Marsaut, ingénieur en chef
de la Compagnie. Paris. Chaix, 1889 (p. 17).

(2) *Ibid.*, p. 29.

gue. Il faut que l'économiste, l'homme d'État, le patron, l'ouvrier, le citoyen quelconque qui s'occupe des questions sociales puisse trouver toujours, dans ce musée ouvert, un catalogue bien fait et un bibliothécaire complaisant. La Guerre, la Marine, l'Industrie, l'Hygiène ont leurs musées : la Science sociale doit avoir le sien. (*Applaudissements.*) Le même désir avait été exprimé, dans le Conseil de la Société de participation, par notre collègue M. Lalance, de Pfastatt, et je l'ai trouvé aussi indiqué dans deux journaux inspirés par M. le professeur Victor Böhmert.

Le commandeur Luzzati, membre du parlement italien et de notre jury international, promoteur en Italie des banques populaires, principal initiateur d'un remarquable système d'assurances contre les accidents, et, avec des résultats très heureux, de la participation aux bénéfices au profit des employés de cent cinquante banques populaires italiennes, notamment celles de Milan et de Padoue (1), me disait récemment qu'il faudrait, par la création d'un comité international permanent d'économie sociale, resserrer les liens créés par notre Exposition, et s'unir, aussi étroitement que possible, pour trouver et vulgariser en Europe et en Amérique les bonnes solutions sociales. Cette grande et belle idée trouvera certainement un écho parmi nous. Quand le comité proposé par M. Luzzati sera constitué, il sera tout désigné, je crois, pour devenir le conseil d'administration du Musée international demandé par notre jury.

---

(1) Notices sur la Banque coopérative populaire de Padoue, publiées à l'occasion de l'Exposition universelle de Paris. Padoue, 1889 (voir page 17 et le tableau IX).

RÉSULTATS POUR LE PATRON

Je viens d'indiquer les avantages résultant pour les ouvriers de la participation aux bénéfices. J'ai maintenant à parler de ceux dont profite le patron. Il obtient d'abord une production plus abondante, plus régulière ou meilleure, mais, ce qui est plus important encore, il peut compter sur la fidélité de son personnel. Je parle, bien entendu, des maisons où la participation est efficace et sérieuse. Administrée à une dose homœopathique, elle serait naturellement sans effet. Pour agir sur le personnel, à titre d'attribution individuelle et non collective, il faut qu'en moyenne elle puisse, dans les bonnes années, donner, sous des formes quelconques, un produit égal à environ 10 o/o des appointements ou du salaire. C'est même ce taux-là que doivent prendre pour base, en principe général, ceux qui songent à établir la participation chez eux. Mais, ceci posé, quand la participation rend des sommes appréciables ou fait concevoir des espérances dignes de foi, le patron n'est plus exposé à voir ses ouvriers se concerter pour lui demander une augmentation de salaire au moment même où il travaille pour l'exécution d'un marché important. En présence du fatal antagonisme produit par l'opposition des intérêts, il est arrivé parfois que les ouvriers, sentant leur concours indispensable à un moment donné, ont dit au patron : « Chacun son droit, nous usons du nôtre. Nous sommes libres de travailler ou non et de nous coaliser pour vous louer nos bras le plus cher possible, de même qu'après entente avec vos confrères, vous faites hausser les prix du marché ». Et ils

demandent une augmentation de salaire dans des circonstances telles que le patron devra l'accorder ou être ruiné.
Ce fait s'est produit il y a quelques années en Amérique.

M. J. G. Batterson, président de la Société dite *New
England Granite Works*, à Westerly (Rhode Island), dans
une lettre au directeur de cette Société, lui a présenté un
plan détaillé de partage des bénéfices entre le capital et le
travail. M. Batterson a proposé cette innovation, parce
que la Société, telle qu'elle fonctionne aujourd'hui, a été
forcée plusieurs fois, dit-il, « de refuser des commandes
d'une très grande importance, par la raison que nous ne
pouvons pas courir le risque d'une grève qui pourrait nous
exposer à payer des sommes considérables à titre de dom-
mages-intérêts (1) ».

Au point de vue de l'intérêt personnel du patron, n'y
a-t-il pas là matière à réflexion? Si, traitant la participation comme une prime d'assurance contre la grève, le
patron pouvait être garanti contre ce risque si grave d'avoir
une grève au moment de l'exécution d'un marché, il ferait
sagement de ne pas y regarder de trop près, dût cette prime
lui paraître un peu chère.

MISE EN PLEINE VALEUR DE LA VOLONTÉ HUMAINE

Un troisième résultat de la participation, très grand et
très général, c'est ce que j'appellerai la mise en valeur de
la volonté humaine, le moyen de faire donner à l'homme
qui travaille tout ce dont il est capable. Comprenez bien

---

(1) *The Labor Problem. A Plea for Profit Sharing.* Edited by
William E. Barns, New-York, 1886 (page 215).

ma pensée. Je ne veux pas dire que la participation doit surexciter l'homme, le surmener, lui donner la fièvre. Non, cette action puissante de la volonté est parfaitement compatible avec le calme, la tranquillité, le repos normal et l'économie des forces vitales. Il est certain que le travail aux pièces, combiné avec le système des primes ou sursalaires, tel qu'il est appliqué avec beaucoup d'ingéniosité et avec un esprit extrêmement sage et bienveillant dans de grands établissements parmi lesquels je citerai avec plaisir la Vieille-Montagne, mérite des éloges parce qu'il paie mieux l'ouvrier tout en le ménageant. Dans ces conditions, le travail aux pièces est bon pour tout le monde et peut être placé à côté de la participation aux bénéfices. L'un des hommes les plus compétents en cette matière, M. A. Gibon, ingénieur conseil et ancien directeur des usines de Commentry, pense qu'il serait bon, comme l'a d'ailleurs fait notre savant confrère, le professeur Victor Boehmert, de Dresde, de comprendre dans les mêmes études tous les modes perfectionnés de la rémunération du travail et de chercher soigneusement les points de contact et de soudure, si je puis m'exprimer ainsi, qu'on pourrait inventer dans l'avenir ou qui peuvent exister déjà entre certaines formes de sursalaire ou de salaire variable et la participation aux bénéfices. Quant à présent, je crois pouvoir dire, c'est mon avis personnel, qu'à un point de vue général, la volonté du travailleur me paraît mieux influencée, mieux actionnée par la participation ou la coopération que par le travail aux pièces. La volonté humaine est si forte pour le bien comme pour le mal, surtout quand l'application des principes d'association et de fédération peut multiplier l'unité par mille, dix mille et cent mille, que je crois pou-

voir comparer cette volonté si richement douée et si redou-
table à la vapeur et à l'électricité. Supposons un instant
que ces deux forces puissent avoir conscience d'elles-mêmes
et devenir pensantes et voulantes au lieu d'être passives
et obéissantes dans nos mains. Qu'arriverait-il du monde
où nous vivons si ces forces capricieuses, bonnes ou méchan-
tes comme les fées, pouvaient à leur gré se donner à nous,
se refuser ou nous faire la guerre ? Que de merveilles produites au jour du bon accord ! Quelle grève, en cas d'abs-
tention, et en cas d'hostilité déclarée, quels bouleverse-
ments et quelle explosion ! *(Applaudissements.)*

Encore une fois, je prétends que la participation est un
bon milieu pour la volonté de celui qui travaille. Je me
mets en présence, remarquez-le bien, de l'état social moderne dans les pays qui sont à la tête de la civilisation à
tous les points de vue. Je prends la société moderne telle
qu'elle est, avec ses défauts et ses mérites, avec ses misères
et ses gloires, dominée par ses principes fondamentaux tels
que la liberté du travail et de l'industrie, la propriété individuelle consacrée et reconnue, avec les lois, vérifiées par
l'expérience, de l'économie politique orthodoxe, avec le
niveau brutal de l'offre et de la demande, avec la concurrence, avec la loi d'airain, comme l'appellent les socialistes,
avec le contrepoids, périlleux mais nécessaire, du droit
légal de coalition et de grève.

Cela dit, j'ajoute qu'à mon avis, pour augmenter la
somme de bonheur et diminuer la somme d'infortune qui
forment le bilan de l'humanité, l'habileté consiste à tirer le
meilleur parti possible du milieu dans lequel nous sommes,
le but immédiat à atteindre étant l'émancipation progres-
sive par l'instruction et l'association de la classe la plus

nombreuse et la plus pauvre et l'amélioration de son sort dans l'ordre matériel et dans l'ordre moral. Admettant ainsi l'état social actuel, je raisonne en prenant la nature humaine telle qu'elle est, telle que nous en sommes chacun un échantillon, avec ses vertus et ses faiblesses, avec sa bonté naturelle ou feinte et sa dureté opiniâtre, avec sa grandeur et sa fragilité, avec l'influence irrésistible qu'exercent sur elle l'intérêt personnel, l'amour-propre légitime ou la vanité ridicule, le désir de gagner, le besoin d'améliorer son bien-être dans le présent, d'assurer son avenir et celui des enfants, de créer un héritage et de le transmettre. Voilà les traits caractéristiques de la nature humaine telle que nous la connaissons : placée dans les conditions de la civilisation moderne, elle se meut dans tous les sens, elle travaille avec énergie. De grandes crises se produisent, des catastrophes et des conflits éclatent, entraînant avec eux la souffrance et le désespoir, mais, en même temps, beaucoup de gens laborieux arrivent à la petite ou à la moyenne aisance et d'énormes progrès se réalisent au profit de tous, tandis que des fortunes, grandes ou colossales, se forment dans les mains de quelques-uns.

On parle beaucoup des millionnaires d'Europe et des milliardaires d'Amérique en gémissant, d'autre part, sur la misère et l'abjection dans lesquelles vivent certaines catégories de la population.

Tout cela est vrai. C'est un des résultats de la liberté. Mais précisément cette liberté peut, à certains égards, être comparée à la lance d'Achille, qui guérissait les blessures causées par elle. Quoi qu'il en soit d'ailleurs, je suis l'adversaire très convaincu des systèmes socialistes qui prétendent changer brusquement ou tout doucement la face du monde, et je répète que, pour traiter la question qui fait l'objet de cette conférence, je ne m'occupe ni d'un état social nouveau ni d'individus transformés. Je constate d'abord que nous ne ressemblons pas aux premiers chrétiens qui, sous l'influence de leur enthousiasme religieux, vivaient dans un état social qui n'est pas du tout conforme au nôtre. « Toutes choses étaient communes entre eux... Il n'y avait entre eux aucune personne nécessiteuse, parce que tous ceux qui possédaient des champs ou des maisons les vendaient, et ils apportaient le prix des choses vendues et le mettaient aux pieds des apôtres, et il était distribué à chacun selon qu'il en avait besoin (1). » Mais il faut bien reconnaître que tout cela venait d'un admirable élan; il n'y avait là ni institution autoritaire ni règlement obligatoire. Lorsqu'Ananias et Saphira, prétendant apporter le prix de leur champ, en retiennent frauduleusement une partie, l'apôtre Pierre dit au coupable: « Si tu eusses gardé la possession, ne te demeurait-elle pas? et étant vendue, n'était-elle pas en ta puissance? » La liberté existait donc, mais cette fausse déclaration, une fois faite, a entraîné, chacun le sait, une sanction terrible. Les deux époux sont tombés, frappés de mort. Personne, même parmi les partisans de l'impôt sur le revenu, ne songe à une restauration de cet état de choses et à de telles pénalités. Nous ne pourrions pas davantage nous faire à l'existence des paysans russes, habitués à la propriété indivise et collective.

Il y a, de nos jours, des socialistes qui, s'occupant avec activité et succès de la coopération de consommation et de

---

(1) *Actes des Apôtres*, chap. IV et V.

production, ne voient d'autre couronnement à cet édifice coopératif que le communisme ou le collectivisme. De grands groupes de consommateurs payant des groupes de producteurs, on arriverait ainsi, d'après eux, à transformer tous les travaux industriels, agricoles et autres en services publics. L'atelier officiel et public remplacerait la Société coopérative libre, les mots Coopération et Communisme deviendraient synonymes dans notre langue, et l'on pourrait célébrer le triomphe de la vraie république démocratique et sociale. Plus de concurrence alors. Ce bel avenir serait préparé, suivant les socialistes, par un système coopératif qui consisterait à donner aux Sociétés de production fondées par les Sociétés de consommation, le caractère d'ateliers nationaux, où chacun travaillerait sans aucune chance de bénéfice, comme les serviteurs à gages et les simples journaliers, à salaire fixe, je devrais dire à salaire vicieux, car ce salaire serait probablement déterminé d'après les besoins, c'est-à-dire peut-être en raison inverse de la capacité et des services. Au d'être une exception, l'organisation des régies d'État deviendrait la règle. Plus de stimulant. On verrait monter bien vite le prix de revient par l'influence du laisser aller, de la paresse et du gaspillage; de la base au sommet, il n'y aurait plus que des salariés négligents, surveillés par des inspecteurs indifférents soumis eux-mêmes à je ne sais quel contrôle supérieur et central dont je ne me représente pas très bien le fonctionnement. Le monopole et la dictature pèsent comme un manteau de plomb sur le pays subjugué. La propriété individuelle n'existe plus. Tout appartient à tous, c'est-à-dire à personne. Le milieu a changé; l'intérêt personnel a disparu. Il n'y a plus d'oxygène dans l'air. L'activité hu-

maine s'est éteinte comme une lampe plongée dans l'azote,
mais tout le monde est pourvu d'un brevet d'employé. Ni
forgeron, ni vigneron, ni lingère, ni cordonnier, tous fonc-
tionnaires publics. Certes, beaucoup de serviteurs de l'État
se dévouent à leur tâche d'une manière admirable, sans
espoir de gain, et je serais injuste si j'osais dire qu'il suffit
d'être payé par le trésor public pour manquer de zèle. Je
reconnais aussi que la grâce mystique de la théologie chrétienne peut amener quelques élus à n'agir que par amour
de Dieu, mais les chefs du socialisme n'ont pas pu compter jusqu'ici sur une influence miraculeuse de cet ordre,
pour conduire leurs futurs sujets. S'il y a parmi eux des
apôtres tout à fait désintéressés, ceux-là seraient, au jour
de leur triomphe, comme perdus dans une foule animée
de tous les appétits et de toutes les passions ordinaires de
l'humanité.

Il faudrait, pour que le vaste plan de ces apôtres du collectivisme à outrance fût réalisable, que l'un d'eux fût capable d'exercer sur ses contemporains, par la suggestion
hypnotique, cette influence toute-puissante, surnaturelle,
irrésistible qui suspend les fonctions normales du cerveau,
supprime toute volonté, toute liberté, et va jusqu'à donner
aux vivants la terrifiante immobilité des morts. Alors tout
deviendrait simple et facile ; nous serions dans la main de
cet apôtre socialiste, comme les Jésuites dans celle de leur
Général : « En ce que sous le nom de ladite société, un seul
homme exercerait une puissance monarchique sur l'univer-
salité de ses membres et des personnes vivantes sous son
obéissance,... et que chacun serait tenu de lui obéir aveu-
glément... quelque chose que commande ce Général, sans
réserve, sans exception, sans examen et sans hésiter même

intérieurement ;... d'être dans ses mains comme un cada-
vre, ou comme un bâton dans celle d'un vieillard (1)... »
Cet idéal de la Société de Jésus, qui n'est pas le mien, est
devenu celui des puissantes associations secrètes ou publiques dont les chefs, maîtres absolus d'ouvriers qui se
comptent par centaines de mille, prétendent arrêter d'un
geste ou d'un mot le travail humain dans les usines, sur
les ports et les chemins de fer d'une région, d'un État, et
même du monde entier. Le comité mystérieux et inconnu
commande, il faut obéir, sans demander pourquoi ; mais
les associations ouvrières provoquent ainsi les représailles
redoutables des fédérations patronales. Je reviens au misé-
rable destin dont nous menacent les collectivistes, et je
dis qu'aucun d'entre eux n'aura la force de nous endormir.
Nous laisser aller au sommeil magnétique en écoutant
leurs belles paroles serait très dangereux. Nous voulons,
en leur présence, nous tenir sur nos gardes et rester bien
éveillés. Puisqu'on a parlé de la coopération de production, comme d'une étape sur le chemin du collectivisme,
je désire appeler votre attention sur un article récemment
publié, sous toutes réserves, par le journal l'*Émancipation*,
de Nîmes. Cet article est de M. Anseele, représentant de
la Société coopérative Vooruit n° 1, de Gand, qui a pour
devise : « Coopération et Socialisme ».

En voici quelques passages :

« C'est ce monde où tout tend à développer l'égoïsme,
où la lutte pour la vie jette les hommes les uns sur les
autres, où le « chacun pour soi » est la seule religion, qui
doit être conquis par la coopération qu'il ne comprend

---

(1) Arrêt de la Cour du Parlement du 6 août 1761.

pas, dont il se défie, et dont la devise « Tous pour chacun, chacun pour tous » le fait sourire.

« Malgré tout, la coopération arrivera à son but, et c'est la coopération de production qui jouira le principal rôle dans ce travail de réforme.

« Que de qualités il faut pour réussir ! Une science plus étendue chez le directeur, et chez les ouvriers un dévouement bien plus grand que dans l'industrie privée.

« Les sociétés de production qui sont généralement pauvres doivent suppléer au manque de capitaux par la science et le dévouement. La lutte est impossible, si tous les associés ne comprennent pas qu'ils travaillent pour un principe, pour une cause et non pour leur intérêt personnel. Les ouvriers doivent respecter et aider la direction, car celle-ci est indispensable au bon fonctionnement de toute industrie coopérative ; de son côté la direction doit respecter dans l'ouvrier l'être humain et le producteur de toute richesse.

« Pour faire réussir une société de production, il faut que chaque membre de cette collectivité d'hommes travaillant dans le même but, soit bon et sans méfiance pour son voisin, sans cette distinction, cette hiérarchie, ce classement, qui sont les conditions nécessaires de l'industrie privée où la richesse d'un homme ne s'obtient que par l'écrasement de tous. Pour introduire des principes meilleurs dans la société actuelle, il faut partir d'autres points de vue et puiser les éléments de réforme dans la coopération de production. Dans ces associations, les rapports entre directeurs et ouvriers doivent être tout autres que dans l'industrie privée, et comme les salaires doivent offrir la représentation exacte de ces rapports, la différence entre les salaires ne peut être aussi grande que dans les ateliers particuliers ; on doit y payer les chefs moins que dans l'industrie privée, et les ouvriers davantage.

« Je sais bien que beaucoup de coopérateurs combattront cette doctrine, disant qu'une société coopérative doit payer ses directeurs autant et même plus que les industriels ordinaires pour attirer les hommes d'expérience et de science, pour compenser les chances de non réussite et la difficulté plus grande de direction. Cela peut être juste, mais si de tels moyens permettent d'obtenir un bon résultat financier, le résultat moral sera nul, et l'institution n'aura plus sa raison d'être. La coopération doit tendre à la réhabilitation du travail, à la disparition des classes, à la glorification de cette idée que tout travail reconnu indispensable à la société donne droit au travailleur à la satisfaction de ses besoins d'être humain et non d'ouvrier. La coopération doit tendre au communisme, ou bien elle n'a pas d'avenir (1). »

Eh bien, moi, je proteste contre cette manière de raisonner. Je crois fermement à la coopération de production ; je fais tout mon possible, dans la faible mesure de mes moyens, pour appeler l'attention du public sur les services qu'elle peut rendre, mais, à mon avis, ceux qui jugent la coopération comme le fait M. Anseele se trompent gravement. La coopération serait condamnée à mourir si elle prétendait payer chacun d'après ses besoins d'être humain et non d'après ses services.

---

(1) Anseele. L'*Émancipation de Nîmes*, du 15 août 1889.

LA PARTICIPATION PRÉPARE LA COOPÉRATION

Considérée dans ses rapports avec la coopération de production, la participation aux bénéfices se présente à nous sous un aspect tout particulier; elle peut avoir pour résultat spécial de travailler à l'avènement de la coopération de production. Je fais à cet égard une distinction. Il y a des maisons où la participation est une institution définitive parce qu'il s'agit d'une société anonyme à grands capitaux ou bien d'un patron qui transmettra son usine à ses enfants heureux de recueillir paisiblement les bons fruits de la participation créée par leur père. Mais il existe beaucoup d'autres maisons où la participation aboutira un jour à l'association coopérative de production.

Qu'est-ce d'abord que la coopération de production ? C'est une association véritable impliquant la participation de tous aux pertes comme aux bénéfices et appartenant à la famille juridique des contrats de société définis par le code civil, le code de commerce et la loi du 24 juillet 1867 sur les Sociétés : dans cette forme d'association, les ouvriers sont en même temps actionnaires et travailleurs.

Ils reçoivent un dividende, ils élisent le conseil d'administration qui choisit le gérant, ils sont et restent dans le droit commun. Leurs intérêts sont unis et solidaires tout en restant distincts. L'émulation personnelle subsiste : il y a là une fusion heureuse de l'individualisme et de la communauté. L'individualisme n'y reste pas égoïste, isolé et stérile ; la communauté n'y prend pas le fâcheux caractère du collectivisme dont je parlais tout à l'heure. La personne reste libre ; la propriété individuelle est respectée, mais les volontés s'accordent, les bras se concertent, les petites épargnes s'accumulent dans l'outillage et l'effort commun se produit. C'est la coopération.

Elle peut naître de trois manières : — par voie de génération spontanée ; — par l'initiative des Sociétés coopératives de consommation, représentées ici, pour la France, par MM. Clavel et de Boyve, et pour l'Angleterre, par notre vénérable ami M. Vansittart Neale, doyen de la coopération, qui a illustré son nom par d'incessants travaux consacrés au progrès des classes populaires ; — enfin, la coopération peut sortir de la participation aux bénéfices.

ASSOCIATIONS CRÉÉES PAR LES OUVRIERS

Je commence par dire un mot des Sociétés de production spontanément créées par des ouvriers pleins de courage, d'ardeur et d'abnégation. Ils se sont réunis dans le but de travailler seuls, sans patron, sous la conduite d'un camarade investi de pouvoirs très limités, pour un délai très court, mal payé, peu écouté, et avec un petit capital aussi mal rémunéré que le gérant, les fondateurs de ces Sociétés ayant souvent manifesté du mépris pour le capital dont aucune industrie, pourtant, ne peut se passer. Tant que la grande révolution que les collectivistes nous prédisent n'aura pas eu lieu, le capital, libre encore d'aller et de venir, s'obstinera à fuir ceux qui l'accablent de menaces et d'injures. De même, en ce qui concerne l'intelligence dirigeante et la capacité administrative, qualités aussi précieuses et aussi peu communes que la belle voix d'un ténor, ceux qui les possèdent se feront petits patrons ou chefs de fabrication dans une grande usine plutôt que d'être, en qualité de gérants d'une Société coopérative, la victime des caprices, de la jalousie et de l'insubordination de leurs coassociés. Tout cela est la vérité même, mais il ne faut rien exagérer et ne pas considérer comme sans remède un mal facile à guérir. Je voudrais réagir contre le découragement qui se manifeste chez quelques personnes. Il y a eu, dit-on, de nombreux échecs en matière de sociétés coopératives. Oui, c'est incontestable. Il y en a eu en 1848, alors que le gouvernement avait mis à la disposition de ces Sociétés un crédit de trois millions. Oui encore, certaines Sociétés ont fait faillite. D'autres n'ont pu et ne pourront pas rembourser les prêts qui leur ont été accordés par le conseil municipal de Paris sur les fonds provenant du legs Rampal, c'est encore vrai. D'ailleurs, s'écrient les personnes qui veulent jeter le manche après la cognée, lorsque les Sociétés coopératives de production ouvrières réussissent, elles exploitent sans scrupule leurs malheureux auxiliaires, et l'on cite à l'appui de ce grief un exemple fameux. Je le connais aussi bien que mes contradicteurs, mais je rappelle qu'il ne faut jamais conclure d'un fait isolé à une loi générale. Oui, en effet, il existe dans une ville que je ne désignerai pas, une association dite ouvrière dont je tairai le nom. Elle est très riche, plusieurs fois millionnaire, elle a été fondée il y a longtemps par des ouvriers et à ce titre, elle est devenue célèbre et classique. Mais un phénomène étonnant de dégénérescence ou de prestidigitation funeste s'est produit.

Je ne sais pas si Robert Houdin avait passé par là, mais, tout à coup, ces ouvriers qui s'étaient noblement groupés pour servir la cause de la coopération ouvrière et qui semblaient destinés à faire pendant aux Équitables pionniers de Rochdale, se sont trouvés changés, non pas en bêtes, mais en petits patrons. Ils n'étaient pas reconnaissables ; on se trouvait en présence d'une aristocratie de parvenus égoïste, féroce, exclusive et jalouse. Ils ont serré les rangs et bâti autour d'eux une muraille de la Chine ; puis, ramassant de tous côtés des prolétaires soumis et patients, ils leur ont donné un salaire, un maigre salaire et pas un sou de participation aux bénéfices. Ces auxiliaires sans lendemain travaillent pour leurs maîtres sans congé ni repos, avec la perspective d'une réduction de salaire lorsque faire se pourra. Quoi ! serait-ce là le dernier mot de la coopération ouvrière ! Je connais un grand nombre de patrons qui n'agissent pas ainsi. Si c'est là le progrès, diront les ouvriers, nous demandons à revenir en arrière. Qu'on nous ramène au patronat bienveillant des anciens jours ! Un bon tyran vaudrait mieux pour nous que ces impitoyables copartageants du bénéfice produit par nos sueurs. Nous servirions plus volontiers tel ou tel puissant maître de forges, millionnaire ou milliardaire, américain ou autre, qu'une poignée d'individus se disant ouvriers, qui l'étaient sans doute, il y a un certain nombre d'années, mais qui, renfermés dans leur boîte de petits patrons, sont devenus plus durs que des bourgeois de naissance. Qu'ils sont loin de ce patron de la Seine-Inférieure (longtemps devancée par l'Alsace, mais maintenant entraînée par son exemple), qui, dans une note distribuée aux visiteurs du pavillon de la Participation, s'exprime ainsi :

« Nous espérons que le système de la participation sera de mieux en mieux compris, et que les chefs d'industrie auront à cœur de l'appliquer. Seulement, qu'on ne s'y

trompe pas, il n'y a pas pour la mise en pratique du système une formule toute faite. La seule chose qui soit com-
mune à toutes les applications du système, c'est la bonne
volonté ; c'est le désir de tendre la main aux ouvriers, en
les comptant comme ils méritent de l'être. — « Les ou-
« vriers ne sont pas nos esclaves, ce sont nos machines.
« Nos ouvriers sont nos collaborateurs ! » Ce mot de
M. Steinheil de Rothau, au banquet de la Société industrielle de Mulhouse en 1876, est resté dans notre souve-
nir..... C'est aux patrons qu'il appartient de soutenir, d'ap-
puyer, d'aider leurs collaborateurs, de façon qu'il s'établisse
entre tous comme les liens de parenté véritable, et qu'on
puisse leur appliquer cette belle parole : « Il n'y a chez nous
« qu'une seule famille, et dans celle-ci, comme dans les
« familles ouvrières, il y a des enfants un peu plus âgés
« qui portent sur leurs bras les plus jeunes. » Et cet
excellent patron dit lui-même : « L'avenir appartient au
travail associé » (1).

Un chef d'industrie anglais, M. William Walker, qui a
des usines à Glasgow (Écosse) et à Colombo (Ceylan), parle
avec sympathie des vues exprimées au sujet de la coopération de production par son ami, feu W. Deny, éminent
ingénieur des usines de Dumbarton sur la Clyde. Malgré
les insuccès constatés, M. Deny croyait la coopération
appelée à un grand avenir. Il voyait, dans le travail aux
pièces confié à une équipe d'ouvriers métallurgistes, le
germe de la coopération. Les travailleurs intelligents occu-

(1) Participation des ouvriers aux bénéfices du patron, organisée dans l'établissement de M. Besselièvre fils, à Maromme
(Seine-Inférieure).

pés à cette tâche lui semblaient être les futurs pionniers de cette forme nouvelle du travail : « Lorsque le jour viendra, disait-il, où l'ouvrier, par son habileté, son dévouement, son intelligence, pourra prendre la place de son patron, vous pouvez être certain qu'il sera légitime que les choses se passent ainsi, et, pour ma part, ce n'est pas avec un sentiment hostile que j'entrevois un tel changement (1). »

Parce qu'une Société coopérative de production a donné un mauvais exemple, faut-il se décourager ? Non certes. Qu'on lui décerne un grand prix de mercantilisme, qu'on la décore de l'ordre des Chevaliers de l'exploitation industrielle et commerciale, puis, cela fait, qu'on porte son regard d'un autre côté, vers les associations coopératives ouvrières de production auxquelles notre jury d'économie sociale a donné une récompe se bien méritée et qui accordent une participation à leurs auxiliaires.

Le jury international a vu leurs représentants à l'Exposition. Plusieurs gérants nous ont fait lire leurs règlements et leurs statuts ; ils nous ont expliqué leur manière de travailler et d'administrer. Nous sommes loin avec eux de ces associations maladroites et imprudentes où s'est gaspillé le bon vouloir d'ouvriers courageux.

Je puis vous citer, par exemple, les Charpentiers de la Villette. Voilà 186 charpentiers qui travaillent avec un zèle admirable. Ils étaient trois pour faire la flèche de la cathédrale de Coutances et ils ont exécuté ce travail difficile d'une manière tout à fait remarquable. Ils ont fait pour 1,500,000 francs de travaux, notamment les échafau-

---

(1) *Christianised Commerce : Consecrated Wealth*, par William Walker. Londres, juin 1888 (page 42).

5

dages, pour la pose de la charpente en bois du Palais des Machines et le pavillon de la Presse au Champ de Mars ; ils ont réussi, leur société est prospère. Mais il y a chez eux une discipline très forte, le gérant a les pouvoirs d'un véritable chef ; il pourrait au besoin renvoyer du chantier un camarade trouvé en faute.

Je citerai aussi les ouvriers fabricants de limes de la rue des Gravilliers ; l'Imprimerie Nouvelle, qui imprime le *Moniteur des Syndicats ouvriers*, et où la direction actuelle s'inspire des principes d'une bonne administration. Je pourrais parler aussi des tailleurs de la rue Turbigo, de l'Ébénisterie parisienne, et d'une petite association récemment éclose, l'Union syndicale et corporative des mouleurs en plâtre français, bien organisée et qui a mérité des éloges de MM. Bouvard et Alphand pour ses travaux du Champ de Mars.

Ces sociétés travaillent bien ; il y a chez elles de la discipline et de l'ordre. On n'y méprise pas le capital, on lui attribue un intérêt convenable. On ne maltraite pas le gérant, on lui donne un traitement raisonnable.

Il faut reconnaître que plusieurs de ces sociétés ont obtenu de la ville de Paris des encouragements et des faveurs, mais c'est avec une joie véritable que notre jury international constatait, en écoutant les gérants et en lisant les comptes et les statuts de ces associations ouvrières parisiennes, qu'il n'y a aucune incompatibilité entre la coopération de production et le succès normal réservé aux bonnes entreprises. J'ai omis à dessein de prononcer tout à l'heure le nom de la société ouvrière *le Travail*, formée par les ouvriers peintres en bâtiment de la rue de Madrid,

parce que je désire vous citer quelques passages de son dernier compte rendu (1).

Le directeur, M. Buisson, a fait au nom du Conseil
d'administration la déclaration suivante :

« Pour un chiffre d'affaires moins élevé que l'an dernier,
nous avons eu un bénéfice *net* de 9,602 fr. 63, c'est-à-dire
qu'eu égard au montant des travaux, le bénéfice a doublé.

« Nous avons tenu à rechercher les causes de cette
augmentation et nous avons été heureux de constater, par
le rapprochement du montant de la main-d'œuvre de nos
divers exercices, qu'elle provient, pour la plus grande part,
*d'une somme plus considérable de travail fournie pour un
montant de salaire égal.*

« Sur 69,833 heures, 51,613 ont été faites par le personnel fixe de la Société, et 18,217 par des auxiliaires, c'est-
à-dire que, par nous-mêmes, nous avons fait les trois quarts
de nos travaux, et qu'un quart seulement a été fait par des
ouvriers pris en dehors de la Société. Il convient d'ajouter
que ces auxiliaires, indépendamment de leur salaire de 80
centimes l'heure, qu'ils ont touché à chaque paye, recevront comme participation à nos bénéfices un supplément
d'un peu plus de 3 centimes par heure. Ainsi, notre camarade Chailleux qui, parmi les auxiliaires, a fait le plus
d'heures dans l'année, touchera une somme de 71 fr. 65.
Notre apprenti Chrétien touchera 92 fr. 90, et le broyeur
de la Société 91 fr. 40. »

---

(1) *Le Travail*, association ouvrière pour l'entreprise générale
de peinture, société coopérative de production à personnel et à
capital variables fondée en 1882. Siège social, 6, rue de Madrid.
Assemblée générale ordinaire du 22 août 1889.

Voici le résumé de l'inventaire :

« Les bénéfices nets s'élèvent à 9,602 fr. 63 c. qui recevront la destination suivante :

Intérêt fixe de 5 o/o au capital versé. . . .   950 85
—   —   caisse de retraite. . .   151 83

Le solde de 8,499 fr. 95 sera réparti conformément à l'article 18 de nos statuts. Cette répartition donne les chiffres suivants :

5 o/o à la réserve légale.   425   »
20 o/o à la réserve extraordinaire.. . . . . 1.700   »
15 o/o à la caisse de retraite. . . . . 1..274 95
25 o/o à distribuer à titre égal entre tous les travailleurs (sociétaires et auxiliaires), au prorata des heures faites par chacun d'eux, soit pour les 69,833 heures à un coefficient égal de 0,3048 . . . . 2.125   »
35 o/o à répartir entre les 400 actions représentant le capital de la Société, ce qui donne un dividende de 7 fr. 43 par action de 50 francs. . . 2.975   »

« Dans ces conditions, notre capital versé étant au 31 décembre de 19,593 fr. 81, aura rapporté, intérêts et dividendes compris, 3,925 fr. 85, soit environ 26,60 o/o.

« Ainsi ceux de nous qui font partie de l'Association depuis sa fondation, et possèdent à l'heure actuelle 45 actions toucheront, intérêts et dividendes compris, une somme de 447 francs pour un capital de 2,250 francs. Ils auront encore à recevoir, au même titre que tous les travailleurs employés par la Société, au prorata de leurs heures de travail et comme participation, une somme moyenne

de 90 francs, qui, ajoutée aux bénéfices ci-dessus, formera
un total de 537 francs, bien entendu en plus du salaire
quotidien qui est resté fixé pour l'année écoulée à 90 centimes de l'heure pour les six membres fondateurs et à
80 centimes pour tous les autres sociétaires. »

Le Conseil d'administration annonce un changement
qui a été adopté par l'assemblée :

« Nous vous proposerons aussi de modifier nos statuts
en ce qui concerne la répartition des bénéfices. Nous vou-
drions que la part à revenir au prorata des heures, à tous
les ouvriers, associés ou non, fût plus importante, tandis
que nous diminuerions la part de bénéfices attribuée au
capital. Actuellement les actions reçoivent 35 o/o de bénéfices, et la main-d'œuvre, comme participation 25 o/o seulement ; il nous semble que l'inverse serait plus équitable. »

Voici quelques extraits du rapport du sociétaire E. Goud-
chaux, commissaire censeur :

« Dans la nomenclature des principaux travaux que
vous avez eu à exécuter, figure le globe terrestre au millio-
nième de MM. Villard et Cotard. Pour cette œuvre bien
remarquable, ces ingénieurs ont trouvé en vous un utile
concours, car c'est un véritable travail d'art que vous avez
exécuté et qui fait honneur à votre Société.

« L'on ne peut qu'approuver le traité que votre directeur a contracté pour des travaux à Buenos-Ayres. C'est
un coup hardi, pour une jeune Société comme la vôtre,
d'aller tenter la fortune à une aussi grande distance ; mais
hâtons-nous de le dire, les conditions de ce traité vous
mettent à l'abri de toutes éventualités fâcheuses.

« Ceux de vos sociétaires qui seront chargés de cette

mission, démontreront aux habitants de cette jeune République les bienfaits de l'association. »

Le commissaire-censeur approuve les propositions suivantes que le Conseil doit soumettre à une prochaine assemblée extraordinaire :

« 1° Contracter une assurance mixte sur la vie, au nom
de chacun de vous ;

« 2° Adhérer à une société de secours mutuels.

« Ces deux questions constitueront, avec votre caisse
de retraites, un ensemble de mesures de prévoyance pour
l'avenir de vos sociétaires et les attacheront indissoluble-
ment à leur association. »

Et il continue en ces termes :

« Donnez à votre œuvre le plus d'ampleur possible, ap-
pelez à vous tous les vrais travailleurs et augmentez le
nombre de vos sociétaires.

« Vous trouverez là de nouvelles ressources et vous évi-
terez que l'on puisse objecter que vous vous cantonnez
dans une chapelle de privilégiés.

« Achevez votre tâche et répandez parmi les travailleurs
ces principes d'ordre, d'économie et de discipline qui ont
assuré votre succès.

« Grâce à vous, le principe de l'association reçoit une
nouvelle consécration. Croyez-le bien, là est la question
de l'avenir et la solution de l'un des grands problèmes
de la question sociale.

« Rejetons loin de nous cette utopie dangereuse du socialisme d'État, qui consisterait à dépouiller les uns aux
profit des autres, et dont le résultat ne pourrait être que
l'asservissement du travailleur.

« Non seulement ce système serait aujourd'hui impraticable, mais encore il répugnerait à nos mœurs.

« L'association, la coopération, ou enfin la participation aux bénéfices : telles sont les formules de l'union parfaite du capital et du travail.

« Votre Société, en effet, n'en est-elle pas la reproduction fidèle, puisque, d'une part, vous êtes vos propres capitalistes et que, d'autre part, vous recevez comme travailleurs, en sus de votre rétribution journalière, l'intérêt de votre capital et la part des bénéfices auxquels vous avez contribué ?

« Dans un délai rapproché, patrons et capitalistes devront comprendre que le moment est venu, pour eux, de s'associer à cette rénovation sociale, ceux-ci en fournissant aux associations les moyens d'étendre le champ de leur action, ceux-là en faisant participer leurs ouvriers aux bénéfices du travail qu'ils auront accompli. Vous venez de leur démontrer que cette part d'abandon dans les bénéfices, ils la retrouveront et au delà dans la main-d'œuvre, intéressée alors au succès.

« Vous avez, Messieurs, tracé des premiers la véritable voie des travailleurs ; les capitalistes auront intérêt à vous suivre, car ils trouveront avec vous un emploi sûr et rémunérateur des fonds qu'ils mettront à votre disposition.

« Grâce aux bienfaits de l'instruction répandue aujourd'hui à profusion et sous toutes les formes, par notre troisième et chère République, la génération actuelle verra s'accomplir cette grande révolution pacifique du travail et du capital ».

LA PRODUCTION FILLE DE LA CONSOMMATION

Voilà les résultats possibles des associations de production qui naissent par voie de génération spontanée. Elles

peuvent aussi être créées, comme en Angleterre, par des
Sociétés coopératives de consommation, à l'aide des bénéfices réalisés par celles-ci.

Vous avez pu voir, en vous dirigeant vers cette salle, la
colonne monumentale commémorative élevée par les soins
de M. Vansittart Neale et aux frais d'un groupe de sociétés, à la gloire de la coopération de consommation anglaise.
Vous avez pu lire les inscriptions et les chiffres qui cou-
vrent les quatre faces de ce monument. Vous avez vu que
le nombre des adhérents était en 1887 de 994.375 ; que les
bénéfices des 1,216 Sociétés s'élevaient à 75,580,000 fr. (1).

Ces résultats sont admirables. Ils ont permis aux Magasins de gros d'Angleterre et d'Ecosse (Wholesales) de fonder des usines prospères, mais le *Wholesale* anglais, malgré
les avis des chefs de la coopération anglaise, est réfractaire
à la participation, tandis que le *Wholesale* écossais l'a
acceptée. Enrichi par la coopération de consommation, il
a voulu que la coopération devint profitable à ses ouvriers
au moyen de la participation aux bénéfices. (*Applaudissements.*) Je dois à l'obligeance de M. Vansittart Neale d'in-
téressants détails sur la situation de ces industries coopératives d'Écosse. Elles donnent des bénéfices et en attri-
buent une partie au personnel, mais on a constaté que la
participation n'a pas produit au point de vue du zèle et de
l'attachement tous les effets qu'elle comporte, parce que
cette participation a été donnée plutôt sous la forme d'une
augmentation variable du salaire que comme un moyen
d'intéresser l'ouvrier, d'une manière permanente, à la pros-

---

(1) Voir la brochure intitulée : *Le monument de la coopération
britannique sur l'Esplanade des Invalides.* Paris, Chaix, 1889.

périté de l'association en créant, pour assurer son avenir, des institutions de prévoyance. On va y pourvoir. Dans ces usines coopératives (confection de vêtements, de chemises et de chaussures, meubles, corroirie, imprimerie), comme à la papeterie coopérative d'Angoulême, une part importante du bénéfice est attribuée aux consommateurs à titre de ristourne d'une portion du prix de vente.

Il y a même en Angleterre une école de coopérateurs d'après lesquels l'ouvrier n'a droit qu'au salaire et le capital qu'à un intérêt fixe, le bénéfice tout entier devant être exclusivement restitué au consommateur. Coopérateur ou non, le consommateur a toujours pour objectif de faire « bonne chère avec peu d'argent ! » mais, s'il est bon de proclamer les droits du Ventre qui consomme, il ne faut pas méconnaître ceux du Cerveau et des Bras qui produisent et apportent la pâture.

La coopération de consommation tend à se propager en France d'une manière heureuse et rapide. Les congrès réunis à cet effet depuis plusieurs années et dont le dernier a terminé hier sa session au Trocadéro, auront certainement sous ce rapport une bonne influence. Le but des promoteurs de ce mouvement n'est pas seulement de procurer aux consommateurs de meilleures denrées à un prix modéré, de s'affranchir du tribut payé à des intermédiaires parasites ou peu scrupuleux, et de réaliser, en fin d'année, une économie ou une épargne par la ristourne de l'excédent du produit des ventes sur le prix net augmenté des frais. Il s'agit de viser plus haut et d'arriver à créer des Sociétés coopératives de production, pour l'usage des Sociétés de consommation. Les bénéfices actuels des sociétés locales serviraient à commanditer un grand magasin français de gros *(wholesale)* qui paierait à ces sociétés locales un intérêt de leurs avances. Ce magasin réaliserait lui-même d'importants bénéfices à l'aide desquels il commanditerait à son tour des associations coopératives de production constituées d'après les principes de la participation du personnel dans les bénéfices. On choisirait de bons directeurs, des gérants capables, instruits, anciens commerçants, ingénieurs, élèves de l'École centrale, etc. On les paierait bien ; on leur ouvrirait une carrière honorable et lucrative. Le personnel qui travaille ne serait pas sacrifié à la clientèle du store coopératif. La production ne doit pas être l'esclave de la consommation, comme la philosophie était jadis la servante de la théologie.

Les associations de production ainsi créées jouiraient d'une autonomie légitime, d'une liberté suffisante ; leurs ouvriers et leurs gérants seraient stimulés par une participation aux bénéfices sérieuse et bien organisée. Ces associations échapperaient ainsi au danger de tomber dans le marasme et la torpeur où périssent tôt ou tard les ateliers nationaux.

COMMENT LA PARTICIPATION PEUT ENGENDRER LA COOPÉRATION

Si les associations ouvrières de production peuvent être créées par les ouvriers eux-mêmes ou organisées par des magasins de gros coopératifs, elles peuvent aussi nous apparaître, par voie de transformisme, comme des filles de la participation aux bénéfices.

Lorsque, dans certaines maisons, le capital est divisé en actions ou en parts, et lorsque le patron permet aux ouvriers d'acquérir un certain nombre de ces parts au moyen de la participation, l'ouvrier est toujours participant comme ouvrier, mais, ayant acheté une ou plusieurs actions, il est devenu associé, ayant droit aux dividendes et passible des pertes. Il a désormais deux qualités réunies dans sa personne, comme le *Maitre Jacques* de Molière qui était tour à tour cocher et cuisinier. Si le patron entre résolument dans cette voie, le nombre des ouvriers actionnaires s'accroît d'année en année et la maison patronale devient peu à peu une association coopérative de production.

Dans cette salle, parmi mes auditeurs, se trouve M. Georges Thomson, chef d'une importante et prospère fabrique de draps et lainages, à Huddersfield, en Angleterre, la maison W. Thomson et fils. M. Thomson en était le patron, mais, très dévoué aux principes de la participation et de la coopération, il a transformé sa maison en une société anonyme dont les actions sont d'une livre sterling, 25 francs, et dans laquelle, ayant abdiqué en tant que patron, il n'est plus qu'un simple gérant élu. Les ouvriers prennent, chaque année, des actions, et deviennent copropriétaires de l'établissement, mais les statuts de la Société réservent au gérant l'autorité et les garanties nécessaires à la bonne marche de l'affaire.

Une transformation analogue s'est accomplie depuis longtemps ou se prépare dans d'autres maisons. Chez M. Laroche-Joubert, à Angoulême, où, pendant les seuls exercices 1882, 1883 et 1884, la participation fondée en 1844, a donné aux ayants droit un total de 558.789 francs, les employés et les ouvriers sont en grand nombre actionnaires, copropriétaires de la maison. Minorité d'abord, ils deviendront peut-être bientôt majorité. Personne ne s'en plaint, tous les droits sont respectés. Le capital social de la papeterie coopérative d'Angoulême est de 5 millions ainsi fournis : 1,350,000 francs par les gérants actuels; 665,000 francs par les anciens gérants ; 351.000 francs par les parents ou amis des gérants. Voilà un total de 2,336,000 francs qui vient du côté des patrons. La part déjà fournie par le personnel est presque égale. Elle s'élève à 2,249,000 francs, savoir : 1,200,000 francs par les employés et ouvriers en activité et 1,049,000 francs par les anciens ouvriers et employés. De plus, une somme de 385,000 francs formée de parts libres réservées aux économies des coopérateurs constitue le solde du capital social de 5 millions.

Le même phénomène économique s'est produit au Familistère de Guise, par l'initiative de J.-B. Godin, dont M. Thomson a, sous ce rapport, suivi l'exemple.

C'est en 1880 que J.-B. Godin, de Guise, a transformé sa maison dans cet esprit, pour en faire la grande et célèbre *Société du Familistère de Guise*, fabrique de chaudronnerie et de calorifères.

La Société du Familistère de Guise a été constituée en 1880 avec un capital de fondation fixé à 4,600,000 fr., mais dont la valeur actuelle, d'après le dernier inventaire est de 8,692,375 francs. Sur le chiffre du capital de fondation, les travailleurs de l'usine ont acquis à ce jour pour le seul emploi du produit de leur participation, 3,162,779 francs. Sur les 1,437.221 francs restant à acquérir par eux, M. Godin, mort en janvier 1888, a légué à l'association 1,032,721 francs. Sur 4,600,000 francs, le personnel est donc devenu propriétaire de 4,195,500 francs. Il y a un administrateur-gérant, M. Dequenne, un conseil de gérance de 15 membres, 190 employés et 1,261 ouvriers et apprentis. Chaque année, depuis 1880, la participation y a fonctionné avec une grande efficacité et avec un caractère tout particulier (1). Aux termes des statuts, le bénéfice, après prélèvement de l'intérêt du capital, se partage au prorata des intérêts du capital argent, d'une part, et du total des salaires, portés en compte comme les intérêts du capital travail, d'autre part. Les ouvriers sont ainsi assimilés à un capital viager sujet à destruction et à détérioration comme un cheval, un bœuf ou une machine, comparaison vulgaire qui semble au premier abord abaisser la dignité humaine, mais que je vous présente au contraire dans un but différent. Considérons un instant l'ouvrier libre comme un esclave, machine vivante. C'est une espèce particulière du capital. Supposons qu'il ait pu valoir 20,000 francs sur un marché d'esclaves. Au lieu d'être perpétuel comme une rente sur l'État, ce capital de chair et d'os va s'user, se fatiguer, dépérir ; dans vingt ou trente ans, il aura disparu. Il produit un salaire de 2,000 francs par an qui est son intérêt à 10 o/o, ce salaire que le propriétaire de cet esclave aurait reçu jadis d'un industriel quelconque auquel il aurait loué ou prêté son capital humain. Voilà donc l'intérêt à 5 o/o de l'argent et l'intérêt à 10 o/o du capital humain qui se partagent au marc le franc le bénéfice net. Mais nous avons devant nous heu-

(1) Voir le volume intitulé le *Familistère de Guise*, association du capital et du travail et son fondateur Jean-Baptiste-André Godin. Étude faite au nom de la Société du Familistère de Guise, Dequenne et Cⁱᵒ, par F. Bernardot, membre du Conseil de gérance. Guise, 1889.

reusement un ouvrier français, c'est-à-dire un capital
humain libre qui ne peut être vendu comme les chevaux,
en cas de faillite, qui s'appartient à lui-même, qui s'en va
quand bon lui semble. Dès lors, le capital argent pouvant
seul être dévoré par les pertes, il serait juste, si l'on adop-
tait ce mode de partage des bénéfices, au prorata des concours représentés par les intérêts et les salaires, de donner
au capital argent, avant tout partage, au lieu du taux ordinaire de l'intérêt, un taux supérieur, plus ou moins élevé,
proportionné aux risques de l'entreprise qui pèsent en
réalité sur lui seul.

En fait, au Familistère de Guise, pour le partage des
bénéfices, on fait entrer en ligne de compte, au marc le
franc, sur le même pied, les salaires, intérêts du capital
humain, et les intérêts du capital argent, à 5 o/o l'an.

On procède ainsi pour fixer la part de chacun, mais
l'ouvrier crédité de sa participation n'en touche pas un
sou. Sa participation est employée en parts et je viens de
montrer les résultats de cette opération. Voilà une transformation éclatante. La maison patronale est devenue
association coopérative de production. Il en a été de même
pour la maison Leclaire dans d'autres conditions. Il n'y a
pas eu vente aux ouvriers, mais là, si le fonds de roule-
ment est considérable, le capital industriel est peu important. Il se compose d'une machine à vapeur, d'échelles et
d'outils valant ensemble 115,229 francs, tandis que la
main-d'œuvre payée à 889 ouvriers s'est élevée pour la
dernière année d'inventaire à 980,363 francs. Les ouvriers,
représentés par la Société de secours mutuels comman-
ditaire, sont propriétaires à titre collectif du matériel
amorti et de la clientèle. Vous savez que l'inventaire au

15 février 1889 a donné un bénéfice net de 440,000 francs dont la moitié en espèces, au marc le franc des salaires pour les 889 participants, ce qui a donné à chacun 22,44 o/o de ses salaires de l'année ; un quart aux deux gérants et un quart à la Société de prévoyance et de secours mutuels qui sert à 50 ans d'âge et 20 ans de services des pensions de 1,200 francs réversibles pour moitié sur la tête des veuves. Cette Société, personne civile, possède aujourd'hui un Avoir réalisé et placé de 2,257,014 francs, propriété collective, une, indivisible et impartageable, qui sert de réserve mathématique pour la garantie des engagements pris à l'égard du personnel.

Je devais mettre en relief les deux belles œuvres créées par Leclaire et Godin, parce qu'elles sont le résultat de la patience et de la persévérance. Je les cite en exemple, malgré leur importance colossale qui semble au premier coup d'œil les rendre inimitables, parce que, toutes proportions gardées, d'autres peuvent agir de la même manière. Je mets de côté toute idée chevaleresque de progrès social désintéressé, pour traiter ce sujet comme une simple question d'affaires.

Voilà un homme qui est seul propriétaire d'une usine et qui se sent vieillir. Ne sera-t-il pas très embarrassé le jour où il voudra se retirer ? Pour vendre sa maison, trouvera-t-il un acquéreur solvable et capable ? Il a un fils, mais ce jeune homme a-t-il les aptitudes nécessaires pour diriger une telle entreprise ? Si sa vocation n'est pas là, si son père lui-même a trouvé bon de lui montrer l'École polytechnique comme l'idéal suprême à poursuivre, ou encore si ce fils de famille préfère vivre de ses rentes, s'amuser, goûter le plaisir de ne rien faire, ce qu'on appe-

lait autrefois vivre noblement, traverser l'existence en
flâneur comme ces aimables fainéants qui foisonnent sur
nos boulevards et ailleurs, que faire ? Le malheureux père
d'un fils paresseux ou propre à rien peut-il lui laisser la
responsabilité matérielle d'un grand capital, et la responsabilité morale du gouvernement de quatre ou cinq mille
familles peut-être ? « Que deviendra ma maison quand je
serai mort ? » se dira souvent, dans de sombres médita-
tions, ce chef d'industrie qui aime son métier et son personnel. Qui donc l'empêche de préparer pour l'avenir
autour de lui ses chefs de service, hommes supérieurs,
ingénieurs savants, directeurs habiles, chefs de division
expérimentés, collaborateurs habitués à l'administration
et qui ont donné toutes les garanties possibles d'hono-
rabilité et de compétence ? Qu'il les prépare à lui suc-
céder, et le jour où il se retirera des affaires, il aura fait
une opération excellente, tout aussi bien que ceux qui
auront acheté la maison et qui la prendront dans des conditions de prospérité certaine, avec la force acquise, la
clientèle fidèle, les traitements normaux, les forts intérêts
dans les bénéfices et la confiance d'un personnel d'ouvriers
commandés par de bons contremaîtres bien payés. Ceux-ci
ne seront pas du tout enclins à écouter les conseils des
apôtres socialistes et à adopter le système de Louis Blanc
en matière de salaire : « A chacun selon ses besoins », de
telle sorte que l'homme indolent, doué d'un immense
appétit et d'une soif inextinguible, mangerait et boirait
tout, tandis que le travailleur sobre et actif, n'aurait presque rien à recevoir le jour de la paye.

Je répète qu'une telle cession d'établissement dont le
prix serait payé au patron vendeur par son personnel par-

ticipant aux bénéfices pourrait être, dans certains cas, une opération avantageuse pour les deux parties. C'est tellement vrai qu'on a attaqué Godin dans divers journaux ou revues, en le représentant comme un homme d'affaires très malin. Il parle de philanthropie, disait-on, d'émancipation de la classe ouvrière, mais le fond de sa pensée a été tout simplement de se défaire d'une usine difficile à aliéner dans les conditions ordinaires. Il l'a vendue en détail à ses ouvriers, leur laissant les mauvaises chances du lendemain. Une fabrique de calorifères ne peut-elle pas être vaincue par la concurrence, dépassée par des inventions nouvelles ? Et autres paroles perfides ou ironiques. Eh bien, non. Godin n'était pas un « malin » dans la vilaine acception de ce terme blessant. Il était très riche, il n'a pas voulu spéculer. Il a donné un très grand exemple qu'il faut retenir. C'est là une voie ouverte pour l'avenir. Leclaire et Godin, Leclaire surtout et avant Godin, ont été des initiateurs; ils ont été utiles pendant toute leur vie et, chose extraordinaire, très utiles aussi le jour de leur mort. La mort de ces deux hommes a rendu un grand service à la cause qu'ils ont défendue et servie. Pourquoi ? Parce que ceux qui n'approuvaient pas leur initiative disaient : Oh, si ces deux maisons-là prospèrent, c'est qu'elles sont dirigées par des hommes exceptionnels. Eux disparus, tout sera fini ; le familistère de Guise deviendra une caserne ou un couvent, et la maison Leclaire redescendra au rang modeste de petite boutique de badigeonneurs.

L'événement n'a pas confirmé les prévisions ou les vœux de ces prophètes de malheur. A la place du patron défunt se sont installés les gérants élus de la coopération ouvrière aujourd'hui florissante dans l'ancienne maison Leclaire, comme à Guise. Ce sont deux grandes victoires qu'on ne saurait trop célébrer.

Entrez, en sortant d'ici, dans le pavillon Leclaire et regardez un peu plus loin le pavillon de la participation qui contient l'exposition et les plans en relief de Guise.

Les monuments ont un langage ; c'est même une des gloires de l'architecture que de pouvoir exprimer de grandes idées. Une cathédrale gothique est un acte de foi. Une belle gare de chemin de fer est le symbole imposant de notre puissance industrielle et commerciale. Eh bien, dans l'exposition d'économie sociale, trois monuments voisins réclament votre attention : d'abord, celui qui contient l'exposition collective de la Société de participation aux bénéfices et de trente-trois maisons qui pratiquent ce système : ce pavillon, construit sur la proposition de notre collègue M. Laroche-Joubert, pour bien affirmer publiquement notre principe, en pleine Exposition universelle, est, lui aussi, un acte de foi. En face se dresse fièrement le monument commémoratif élevé à la gloire des Sociétés coopératives de consommation anglaises et, enfin, tout à côté d'eux s'impose aux regards, avec son fronton grec, ses hautes colonnes et son beau péristyle, le petit temple appelé *Maison Leclaire*.

En attendant l'heure de ma conférence, j'observais un ouvrier qui, après être sorti du pavillon de la participation, avait lu l'inscription de la colonne coopérative qui dit, en français et en anglais : « Aide-toi en aidant les autres » (1), et avait gravi lentement les degrés du temple élevé à la mémoire de M. Leclaire. Je me disais intérieurement que

---

(1) Self help by mutual help.

ce petit épisode, bien insignifiant en apparence, était cependant le véritable résumé de ma conférence, car je voyais là l'étude de la Participation aux bénéfices, d'une part, et celle des Sociétés coopératives de consommation, d'autre part, servir d'école préparatoire à la Coopération de production.

Le moment est favorable aujourd'hui pour parler de ces questions sociales, parce que nous assistons ici au spectacle le plus admirable que puissent donner les résultats du travail. Or, il y a une sorte de contraste pénible, un défaut d'équilibre, entre la richesse des œuvres produites et le destin précaire d'un grand nombre de ceux qui les ont fabriquées.

« Je souhaite, écrivait le 11 mai dernier M. Constant Deville, ouvrier bijoutier, l'un des membres de la section II du groupe de l'Économie sociale, qu'il soit possible de réunir une fois les membres de nos seize sections afin d'appeler leur attention sur la situation du salarié au jour le jour, situation réellement inquiétante au point de vue *moral*, en regard du développement prodigieux du progrès *matériel*. »

A côté de cette parole d'un honorable ouvrier, je place celle d'un négociant, M. Aynard, vice-président de la chambre de commerce de Lyon. Il a écrit la préface, intitulée « Lyon en 1889 », des rapports, notes et documents de la section d'Économie sociale et d'Assistance du comité départemental du Rhône à l'Exposition universelle. Dans cette belle introduction il s'exprime ainsi :

« L'erreur serait de croire qu'en économie sociale on peut se contenter de la simple justice, c'est-à-dire de l'observation stricte de lois économiques qu'on croit inexorables.... Mais si elles sont fondées sur la nature, on peut leur appliquer le mot de Bacon sur l'art : c'est que pour les appliquer, l'homme doit s'ajouter à la nature... User d'un homme et user d'une machine seront des choses éternellement différentes aux yeux de la morale; il n'est point de lois fatales, naturelles ou, à plus forte raison, économiques, qui puissent autoriser celui qui emploie à ne pas remplir son devoir envers celui qu'il emploie... Arrivés au point dangereux de civilisation où nous sommes, avec toutes nos richesses, nos sciences, nos lois, humaines et justes dans leur généralité, nos libertés entières, il n'y a point à regretter le passé ou à se jeter au-devant d'un avenir chimérique. Il ne reste plus une révolution à faire, si ce n'est la révolution morale, qui peut seule faire lever de nouveau sur nous l'immense et splendide aurore de justice, d'humanité et de paix que nos pères ont entrevue en 1789. ».

L'Exposition universelle à laquelle nous assistons, à propos du Centenaire de 89, est un spectacle sans pareil : féerie pleine de surprises, revue de tout ce qu'il y a de beau sur le globe terrestre, représentation de gala vraiment extraordinaire offerte par la France au genre humain.

Eh bien, que se passe-t-il lorsqu'on assiste, au théâtre, à l'un de ces grands succès qui font époque; lorsque les spectateurs charmés, ravis, soit par une jouissance de l'esprit, soit par une émotion du cœur, ont admiré la verve des acteurs et le mérite de l'œuvre? Le rideau tombé, un mouvement universel se produit dans la salle; le public enthousiasmé demande tout d'une voix :

L'Auteur !

Je ne crois pas me tromper en affirmant qu'il n'y a pas dans l'histoire de l'art une pièce de théâtre dont la vogue soit comparable à celle de l'Exposition de 1889. Cette Exposition est à la fois un poème, une comédie et un drame. On y trouve tout : l'art y apporte ses enchantements; la science, ses mystères et ses miracles, et l'industrie ses tours de force. On y est parfois ému jusqu'aux larmes, on se sent pénétré d'une admiration profonde et sincère qui ne trouve pas de paroles pour se manifester; un moment après, on est saisi d'un accès de bonne humeur. Dans le temps sombre, triste, menaçant et troublé où vit l'Europe, le monde entier se déplace pour saisir une occasion unique de s'amuser en venant rire un peu en France. C'est autant de gagné. Le succès est donc universel et complet. Dans peu de temps, dans peu de semaines, cette grande représentation va disparaître de l'affiche. Que se passera-t-il alors ?

Je suis sûr que, le rideau baissé, tous ceux qui, venus de tous les coins du monde, auront assisté à ces belles fêtes et applaudi l'œuvre elle-même, auront, eux aussi, l'idée toute naturelle de demander à cor et à cri :

L'AUTEUR !

Celui qui alors s'avancera jusqu'au bord de la rampe répondra qu'il y a deux auteurs, collaborateurs intimes et inséparables dont l'un ne peut rien sans l'autre.

« Les deux auteurs de la pièce qui vient d'être jouée pendant six mois devant vous, Mesdames et Messieurs, dira-t-il, s'appellent TRAVAIL et CAPITAL ! » (*Applaudissements.*)

Dans ce mot, TRAVAIL, je comprends à la fois l'intelligence et le travail physique, le génie, le talent et la science des organisateurs, des chefs d'Industrie, des inventeurs, des poètes, des artistes ; je ne veux ni ne puis séparer le travail de l'esprit de celui des mains, parce que les deux éléments sont réunis partout. L'ingénieur, l'inventeur, voué à un travail intellectuel, veille longtemps le soir et fatigue son cerveau, organe physique ; celui-là fait donc aussi un travail matériel. On ne peut pas dire qu'il y ait un travail de l'âme séparé de celui du corps. C'est tellement vrai que cet ingénieur, ce poète, cet homme de génie se tuera peut-être à force de travail intellectuel, parce que son organe appelé cerveau sera désorganisé ou détruit par le travail, absolument comme les os et les muscles d'un ouvrier tombant d'un échafaudage viennent se briser sur le sol. Il y a destruction dans les deux cas. Réciproquement, lorsque nous considérons un simple manœuvre, un ouvrier très humble qui fait des travaux de force, comment pourrions-nous dire que l'intelligence n'est pour rien dans son œuvre modeste ? Comment pourrions-nous profaner la nature humaine en ne reconnaissant pas que le simple fait de porter des fardeaux, de remuer de la terre, peut exiger de la part de l'esprit toute sorte d'efforts accompagnés de patience, d'adresse, de résignation.

Que fera maintenant ce public de l'Exposition universelle, composé de vingt-cinq à trente millions de spectateurs, à présent qu'il sait le nom des deux auteurs de la pièce ?

On couvrira le TRAVAIL d'applaudissements et de fleurs.

Personne certainement n'aura l'idée de jeter au CAPITAL des couronnes et des bouquets, ni de l'acclamer jusqu'à en perdre haleine. Le capital n'a pas d'illusions, il s'attache aux choses positives, il a peu d'amour-propre, il dirait

volontiers : « Trop de fleurs ». Qu'on lui paie son dividende, il sera content. Il est bien entendu qu'en parlant
ainsi du capital, je n'ai en vue que la richesse inanimée,
or, argent, machines, immeubles, pierre et bois, placée
dans l'industrie comme elle aurait pu l'être ailleurs, par
des propriétaires étrangers à la conception et à la direction
de l'entreprise. Le capital possédé par un homme intelli-
gent peut avoir de fécondes initiatives, d'heureuses har-
diesses, et servir d'instrument à de grandes pensées ; mais
alors c'est encore le travail de l'esprit qui reparaît sous une
autre forme. Le patron capable et laborieux, même et surtout quand il est propriétaire du capital, est donc et doit rester à nos yeux une des plus hautes incarnations du travail.

Eh bien ! parce qu'on aura ainsi couvert de lauriers le
Travail et félicité le Capital d'avoir encaissé de beaux
revenus, tout sera-t-il fini pour jamais ?

Non, et voici ma conclusion.

Lorsque les applaudissements auront cessé, lorsque les
palmes et les couronnes données au travail seront fanées,
lorsque tous les patrons de l'univers auront quitté ce
Paris enchanteur, pour retourner chez eux, l'un dans
son usine, l'autre dans son domaine, ils se trouveront face
à face avec leur personnel de travailleurs. Ils auront rapporté de France des souvenirs inoubliables ; quelques-
uns pourront montrer des récompenses de toute nature,
médailles, diplômes et grands prix. J'espère que ce jour-
là, ils se rappelleront qu'à Paris, à la fin de la grande
pièce, on a acclamé l'auteur Travail et qu'alors ils feront
tout leur possible pour donner au travailleur une juste
part des bénéfices réalisés. (Applaudissements prolongés.)

HAVRE. — IMPRIMERIE DU COMMERCE, 3, RUE DE LA BOURSE.

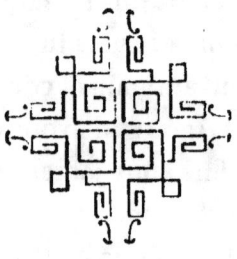